中华传统文化经典

无障碍阅读

学生版

增广贤文 格言联璧

主编：张丽丽

编者：郭冬杉

北京出版集团公司
北京教育出版社

图书在版编目（CIP）数据

增广贤文　格言联璧／张丽丽主编．— 北京：北京教育出版社，2015.3
（中华传统文化经典）
ISBN 978-7-5522-5573-7

Ⅰ．①增… Ⅱ．①张… Ⅲ．①古汉语－启蒙读物②格言－汇编－中国－古代 Ⅳ．① H194.1 ② H136.3

中国版本图书馆 CIP 数据核字（2015）第 051336 号

中华传统文化经典
增广贤文　格言联璧

主编：张丽丽

*

北京出版集团公司
北京教育出版社　出版
（北京北三环中路 6 号）
邮政编码：100120
网址：www.bph.com.cn
北京出版集团公司总发行
全国各地书店经销
北京中振源印务有限公司印刷

*

660mm × 920mm　16 开本　21 印张　285 千字
2015 年 3 月第 1 版　2015 年 3 月第 1 次印刷

ISBN 978-7-5522-5573-7

定价：20.80 元

质量监督电话：13911108612　（010）58572832　58572393

总序

ZONGXU

中国作为一个历史悠久的国家，因历朝历代的文化积累和传承，形成了特有的博大精深的传统文化体系，这一体系体现在灿若星辰的各种传统文化经典中。虽然这些经典与当今时代相去甚远，但其包含的精神内核和文化意义却根植在每一位国人的血液里。

纵览这些传统文化经典，我们会发现，传统文化有其平实的底蕴，充满日常生活的情调，因为它有“晨则省，昏则定”这样琐碎平实的孝之教导；有“亲戚故旧，老少异粮”这样充满柴米油盐气息的待客之道；有“心口如一，童叟无欺”这样朴素而永恒的价值观……

传统文化亦有其高情远致，强调精神的高洁与纯粹，因为它有“大道之行也，天下为公”的社会理想；有“厚德载物，道济天下”的广阔胸襟；有“斯世清浊异品，全赖吾辈激扬”这样当仁不让的慷慨气概……

正因为传统文化有这样丰厚的底蕴，所以，虽然时代飞速变化，思想观念不停流转，但是作为我们中华民族赖以安放心灵的精神家园和价值体系，传统文化不但不会步入没落，相反会在这个价值观多元化的时代更体现其重要性。它流经千百年，无声无息地穿行在国人的血脉中，潜藏在每一个人的思想意识的底层，或许你未曾留意，不曾发觉，但是我们的举手投足，都深深地暴露了属于我们中华民族的这一文化密码，我们每一颗心都在这文化长河里得到长久而深远的润泽，这也是我们编写这套书的最主要原因。

鉴于传统文化经典与我们隔着漫长的岁月，有些阅读者已经不能流畅地阅读和准确地把握其中的意义，为了帮助读者扫清阅读障碍，更好地掌握传统文化，我们做了以下工作：

一、介绍作者及其思想或者本书的流传历程

古语说“知人论世”，为了帮助读者把握传统文化的思想内涵，我们对每本书的作者的生平经历及其思想发展脉络或书的流传历程进行精要的介绍，让读者在宏观的时代思想背景下去了解作品，了解传统文化。

二、采取文后注释和翻译的形式，方便阅读

针对学生对古典文学名著的学习需求，以及阅读过程中遇到的难点，本书采取文后注释的形式，对作品里的生僻字词进行注音，对难解的字词进行解释，同时对作品中出现的一些人物、官职、相关传说、天文地理知识等进行简要说明，使读者在阅读中真正地实现无障碍阅读，理解作品内容。

三、力求内容准确而完整

我们这一套传统文化经典书籍特别注重内容的准确性和完整性，完全对照权威版本进行认真核对，除少数情况之外没有任何删减，并对全文进行了翻译，力求原汁原味地为读者呈现传统文化典籍的本来面貌。

四、设置传统文化小知识栏目

为了弘扬传统文化，让读者了解古典文化的各种小知识，我们特别开设传统文化小知识栏目，为读者讲解古代礼仪、风俗、制度、服饰、典籍等。这一方面有助于帮助读者阅读原文，另一方面

有助于读者积累知识，增长见识。

五、名句集锦

几乎每本传统文化典籍都有一些名句流传下来，它们至今仍然在日常生活中被广泛应用，言简意赅地表达着某种思想和看法，流传千年依然活力无限，我们把这些经典的句子放在每本书后面，有助于读者记忆和运用。

虽然世易时移，但今天，传统文化仍然在国民道德教育、人格教育和智力教育等方面起着不可替代的作用，我们愿通过努力为大家献上一套从内容到形式都力求完美的传统文化典籍，希望读者在阅读中体会传统文化的精深与美好，也愿传统文化在当代中国更加枝繁叶茂。当然，我们的书还存在不足之处，敬请读者批评指正！

编　者

前言

QIANYAN

《增广贤文》是中国明代时编写的儿童启蒙读物，又名《昔时贤文》《古今贤文》，是一部古训集、民间谚语集。汇集了为人处世的各类谚语，很有哲理性，释、道、儒各方面的思想均有体现。人称“读了《增广》会说话，读了《幼学》走天下”。增广就是《增广贤文》，幼学则是《幼学琼林》。

书名最早见于明代万历年间的戏曲《牡丹亭》，据此可推知此书最迟写成于万历年间。后来经过明、清两代文人的不断增补，才被改成现在这个模样，称《增广昔时贤文》，通称《增广贤文》。作者一直未见任何书载，只知道清代同治年间儒生周希陶曾进行过重订，很可能是民间创作的结晶。

《增广贤文》的内容大致有这样几个方面：一是谈人及人际关系，二是谈命运，三是谈如何处世，四是表达对读书的看法。《增广贤文》倡导行善做好事，是值得肯定的。它有大量篇幅叙述如何待人接物，这部分内容是全文的核心。在主张自我保护、谨慎忍让的同时，也强调人的主观能动性，认为这是做事的原则。

《增广贤文》虽以道家思想为主，但对儒家的说教并不排斥。文中强调了读书的重要、孝义的可贵。这些观点体现了正统的儒家精神，与全书所弥漫的道家思想有所不合。但也正是由于这种庞杂，不同思想的人都可以从中看到自己认可的格言，《增广贤文》从而具有了广泛的代表性。

《增广贤文》由有韵的谚语和文献佳句构成，其内容十分广泛，从礼仪道德、典章制度到风物典故、天文地理，几乎无所不含，而且语句通顺，易懂。中心是讲人生哲学、处世之道。其中一些谚语、俗语反映了中华民族千百年来形成的勤劳朴实、吃苦耐劳的优良传统，成为宝贵的精神财富，如“一年之计在于春，一日之计在于寅”；许多关于社会、人生方面的内容，经过人世沧桑的千锤百炼，成为警世的格言，如“忠言逆耳利于行，良药苦口利于病”“善有善报，恶有恶报”等；一些谚语、俗语总结了千百年来人们同自然斗争的经验，成为简明生动的哲理式的科学知识，如“近水知鱼性，近山识鸟音”“近水楼台先得月，向阳花木早逢春”等。

《格言联璧》自咸丰元年（1851年）刊行后，即广为传诵，所谓“地不分南北，人不分贫富，家家置之于案，人人背诵习读”。文中不乏为人处世的智慧法则，治家教子的谆谆教诲，修身养性的道理箴言，字字珠玑，句句中肯，雅俗共赏，发人深省。其说理之切、举事之赅、择辞之精、成篇之简，皆冠绝古今，堪称立身处世的金科玉律，修身养性的人生智慧，千古不移的至理名言。所谓“成己成人之宝筏，希圣希贤之阶梯”也。

《格言联璧》是作者金缨选录其所辑《觉觉录》中浅近格言另刻之单行本。金缨是清代学者，其所编《格言联璧》一书，是集先贤警策身心之语句，垂后人之良范。全书主要内容按儒家《大学》《中庸》之道，以“诚意”“正心”“格物”“致知”“修身”“齐家”“治国”“平天下”等主要内容为框架，收集有关这些内容的至理格言，按当时人们的阅读习惯分为学问类、存养类、持躬类、养生类、敦品类、处事类、接物类、齐家类、从政类、惠言类、悖凶类十一大类，从个人、家庭到社会、国家，凡所应有，无所不有。作者的用意在于以金科玉律之言，作暮鼓晨钟之警，即用圣贤先哲的至理格言来鞭策、启迪童蒙，使其从小懂得做人的道理，树立远大的人生志向，努力进取，长大以后成为于国于家有用的人。

《格言联璧》中的每一条都内涵丰富，广博精微，言有尽而意无穷，先哲的聪明智慧和无限期望尽在这连珠妙语之中。一册在手，揣摩研读，细心体会，必能掌握人生的真谛，游刃于生活空间，既能修身齐家，又能报效社会。《格言连璧》不失为难得的济世良药、人生指南，因而其成书问世后即为宫廷所收藏，并流传于民间，远播海外，成为影响深远、读者众多、历久不衰的蒙学读本。

本书在权威版本的基础上，给出了精练的注释和细致的译文，以保证读者能更好地阅读和理解《增广贤文》和《格言联璧》这两部经典的格言集。文中还穿插了一些精美的图片、传统文化小知识和阅读感悟，方便读者深入地掌握文章的内涵。

目录

contents

增广贤文

《增广贤文》是一部汇集历代先贤经典中的名言佳句以及民众日常生活中积累的俚谚俗语的语录集，集中体现了儒、道、释三家历代先贤修身立业、齐家治国的珍贵智慧，押韵、对仗、句式多样、便于记诵，作为古代圣贤经典的通俗普及本而广为流传。《增广贤文》是从浩如烟海的文化古籍中精选出的、在历史上影响至深的经典，也是我国古代民间影响很大的一本蒙学读物，其核心是讲为人处世之道。这部合集极其适合作为学生的启蒙教育读本，其中的思想观念、文化内容等也值得现代人深思。书中那些精辟的、有关为人处世的哲言警句，绝非凭空而出，而是有极强的社会环境针对性和深厚的文化底蕴，是中国人处世经验、智慧和原则的总结，含有深刻的哲理，读来发人深省。尤其值得注意的是，这是一部老幼皆宜的著作，其中的许多格言至今仍在广为流传。

昔时贤文，诲①汝谆谆②，集韵③增广④，多见多闻。观今宜鉴⑤古，无古不成今。

【注释】

①诲：教诲，教导。②谆（zhūn）谆：恳切而不厌倦的样子。③集韵：广泛搜集押韵得文句。韵，文句，文章。④增广：增长知识，开阔眼界。⑤鉴：借鉴。

【译文】

以前圣贤们的言论，诚恳而有教益，广泛搜集押韵的文句汇编成文，增长我们的知识，开阔我们的眼界。应该借鉴古人的经验教训，来认知今天，因为今天是古代的延续，没有过去就没有现在。

知己知彼，将心比心。酒逢知己饮，诗向会人①吟。相识满天下，知心②能几人。相逢好似初相识，到老终无怨恨心。

【注释】

①会人：这里指能够理解诗所表达的情感的人。会，领悟，理解。②知心：知己，可以信赖的人。

【译文】

一个人要知道自己是怎么想的，也应该知道别人是怎样想的，所以要以自己的心去体谅别人的心，设身处地为别人着想。酒要和了解自己的人一起喝，诗要向懂得它的人咏唱。认识的人可能遍布天下，但真正了解自己，可以信赖的知己却没有几个。人和人之间的相处应该总是保持初次见面时的状态，这样即使到老也不会产生怨恨之心。

近水知鱼性①，近山识鸟音②。易涨易退山溪水，易反易复小人心。

【注释】

①鱼性：鱼的生活习性。②鸟音：鸟的鸣叫声。

【译文】

住在水边的人能掌握不同鱼的习性，住在山林附近的人则能识别各种鸟的鸣叫声。容易涨起来也容易退去的是山间的溪水，反复无常的是小人的心思。

运去金成铁，时来铁似金。读书须用意，一字值千金①。

【注释】

①一字值千金：语出《史记·吕不韦列传》。后人用“一字千金”来形容诗文精美。

【译文】

运气差时金子可以变成铁，时来运转的时候铁也会像金子一样珍贵。读书须用心，能下苦功夫，才会文辞精妙，一字千金。

逢人且①说三分话，未可全抛一片心。有意栽花花不发，无心插柳柳成荫。画虎画皮难画骨，知人知面不知心。钱财如粪土，仁义值千金。

【注释】

①且：但，只。

【译文】

与他人交谈时话只能说三分，不能把自己内心的想法全部吐露给别人。用心栽种的花不一定能开放，无意之间插下的柳枝却可能长成绿荫。老虎的外形容易画出来，但老虎的风骨却难以描绘；了解人的表面很容易，但了解人的内心却十分困难。钱财就像粪土一般低贱和微不足道，而仁义道德价值千金。

流水下滩非有意，白云出岫本无心①。当时若不登高望，谁信东流海洋深？路遥知马力，事久知人心。

【注释】

①白云出岫（xiù）本无心：出自东晋陶渊明《归去来兮辞》：“云无心以出岫，鸟倦飞而知还。”意思是白云从山中自然而然地飘出，鸟倦了就回巢。岫，指山洞，这里泛指山。

【译文】

流水从滩头泻下来并非有意而为，白云从山里飘出来也不是有心之举，而是出于自然罢了。如果不登高望远，谁会相信东流的河水最终会汇入深邃的大海呢？路途遥远才能知道马的力气大小，事情经历多了才会明白一个人心地的好坏。

两人一般①心，无钱堪②买金；一人一般心，有钱难买针。

【注释】

①一般：相同，同样。②堪：可以，能够。

【译文】

两个人一条心，即使没钱也可以买到黄金；一个人一个心思，就算有钱也很难买到针。

相见易得好，久住①难为人。

【注释】

①久住：长期相处，生活在一起。

【译文】

彼此刚开始接触容易处理好关系，长期在一起就很难相处了。

马行无力皆因瘦，人不风流只为贫。

【译文】

马行走无力是由于它身体瘦弱，人不能风流潇洒只是因为自己穷困。

饶①人不是痴汉②，痴汉不会饶人。

【注释】

①饶：宽恕，原谅。②痴汉：愚笨的人。

【译文】

能做到宽恕他人的人就不是愚笨的人，愚笨的人从来不会宽恕别人。

是亲不是亲，非亲却是亲。美不美，乡中水；亲不亲，故乡人。

【译文】

有些人名义上是亲人却不像亲人，有些人虽然不是亲人却比亲人还亲近。不论甜美与否，家乡的水都好喝；不论是不是亲人，故乡的人都最亲近。

莺花①犹怕春光老，岂可教②人枉度③春。相逢不饮空归去，洞口桃花也笑人④。红粉佳人休使老，风流浪子莫教贫。

【注释】

①莺花：指啼鸣的黄莺和盛开的鲜花，泛指春日里的美景。②教：使，

让。③枉度：虚度，空度。④洞口桃花也笑人：化用了李白的诗句“武陵桃花笑杀人”。“相逢不饮……也笑人”的意思是知己相逢若不能痛饮尽欢，就连洞口的桃花也会笑话你的。

【译文】

啼鸣的黄莺和盛开的鲜花尚且害怕春天逝去，人们又怎么可以虚度青春年华呢？知己相聚若不能痛饮尽欢就各自归去，连洞口的桃花也会嘲笑你们不懂得人情。千万不要让漂亮的女人变老，也不要让风流潇洒的才子变得穷困。

在家不会迎宾客，出外方知少主人。黄金无假，阿魏①无真。客来主不顾，应恐是痴人。贫居闹市无人问，富在深山有远亲。

【注释】

①阿魏：多年生草本植物，有臭气，可以入药，主产于伊朗、阿富汗及印度，由于比较珍贵，很少见到真品，所以才会有“阿魏无真”的说法。

【译文】

自己在家时若不能周到地迎接宾客，等到自己外出时就能体会到没有主人接待的感受了。黄金贵重很难造假，阿魏这种药材却几乎没有真货。客人来了，主人不去招待，他可能是个不知事理的大傻瓜。穷困时就算居住在闹市也无人理睬，富贵时即使住在深山也会有远房亲戚登门拜访。

谁人背后无人说，哪个人前不说人？有钱道真语，无钱语不真。不信但看筵中酒，杯杯先劝有钱人。

【译文】

有哪个人在背后不被别人议论，又有哪个人在人前不议论他人呢？有钱人说的话是真的，贫穷无钱的人说的都是假的。如果不信你，看看筵席上的酒，杯杯都是先敬给有钱人的。

闹里有钱，静处安身。来如风雨，去似微尘①。

【注释】

①微尘：本为佛教用语，指极细小的物质，这里用来比喻生命的短暂和无意义。

【译文】

热闹繁华的地方有钱可赚，偏僻幽静的地方宜于休养身体。来时像暴风骤雨一样猛烈，退去像微尘飘落一样静悄悄。

长江后浪推前浪，世上新人赶旧人。近水楼台先得月，向阳花木早逢春。莫道君行早，更有早行人。

【译文】

长江的后浪推动着前浪，世上的新人赶超着旧人。靠近水边的楼台最先获得月光，向着阳光的花木能较早地迎接春色。不要说自己出发得早，还有比你出发得更早的人。

莫信直中直①，须防仁不仁②。山中有直树，世上无直人。

【注释】

①直中直：指那些只是表面上正直的所谓“正直的人”。直，正直。②不仁：不讲道义。

【译文】

不要轻信那些表面上特别正直的人，也要防备那些标榜仁义却不讲仁义的人。山里有长得笔直的树，世上却没有正直的人。

自恨枝无叶，莫怨太阳偏。大家都是命，半点不由人。

【译文】

树应该只遗憾自己的枝上没有长出叶子，不要抱怨太阳偏心。人的一切都是命中注定的，一星半点儿也由不得自己做主。

一年之计①在于春，一日之计在于寅②。一家之计在于和，一生之计在于勤。

【注释】

①计：谋划，打算。②寅：地支的第三位。我国古代以干支记时，将一昼夜按照子、丑、寅、卯、辰、巳、午、未、申、酉、戌、亥分为12个时辰，寅时相当于现在的凌晨3—5时。

【译文】

一年的计划应在春天里做好，一天的计划应在黎明时分做好。一个家庭最宝贵的是和睦，一个人一生中最重要的是勤奋。

责人之心责己，恕己之心恕人。守口如瓶，防意①如城。宁可人负②我，切莫我负人。再三须慎意，第一莫欺心。

【注释】

①防意：坚守意志，遏制私心杂念。②负：亏待，辜负。

【译文】

应当拿责备别人的态度来责备自己，用宽恕自己的态度去宽恕别人。保守秘密要像瓶口被塞紧那样闭口不谈，坚守意志要像城池的防卫那样时时戒备。宁愿让别人辜负自己，也决不让自己辜负别人。做事要慎重，三思而后行，首先要做到不违背自己的良心。

虎生犹可近，人熟不堪亲。来说是非者，便是是非人。

【译文】

与没见过的老虎还可以亲近，但与很熟悉的人却不能够太亲近。在你跟前议论别人是非的人，就是制造是非的小人。

远水难救近火，远亲不如近邻。

【译文】

远处的水救不了近处的火，即使再好的远亲也不如近邻（能够随时帮忙）。

有茶有酒多兄弟，急难何曾见一人。人情似纸张张薄，世事如棋局局新。山中也有千年树，世上难逢百岁人。

【译文】

平时喝酒吃茶的朋友很多，但是在危难之时却没有一个朋友出来帮忙。人与人之间的情义就好像一张张纸片一样薄，世上的事情则像棋局一样，每一局都不相同，充满变化。山林中有生长千年的树，世上却很难遇到活了上百岁的人。

力微休①负②重，言轻莫劝人。无钱休入众，遭难莫寻亲。

【注释】

①休：不要。②负：承担，背。

【译文】

力气单薄就不要去背重的东西，说话不被人重视就不要再去劝解别人。没有钱就不要到人群中去（与有钱人交往），遇到危难千万别去寻求亲戚朋友的帮助。

平生莫作皱眉①事，世上应无切齿②人。

【注释】

①皱眉：双眉紧蹙，表示忧虑或不悦的神态。②切齿：上下牙齿紧紧地咬在一起，表示极端愤怒、痛恨。

【译文】

一辈子不做令人不愉快的事，世界上就不会有痛恨自己的人了。

士者国之宝，儒为席[1]上珍[2]。

【注释】

①席：筵席。②珍：珍馐美味。

【译文】

士人是国家的宝贵财富，儒生就像筵席上的珍馐美味一样珍贵。

若要断酒[1]法，醒眼看醉人。

【注释】

①断酒：即戒酒。

【译文】

如果想得到戒酒的方法，只用清醒时看看喝醉酒的人的醉态。

传统文化小知识

社稷

社指土地神，稷指谷神，二者是对庄稼丰歉起决定作用的神仙，是古人为祈祷丰收而重点祭祀的两个神。社稷坛位于皇宫之右，与皇宫之左的宗庙相对，同为国家祭祀重地。因古代帝王经常在社稷坛祈求国家太平，五谷丰登，故“社稷”一词逐渐成为了国家的象征。如《孟子·尽心下》中有：“民为贵，社稷次之，君为轻。”

求人须求大丈夫[1]，济人须济急时无。渴时一滴如甘露，醉后添杯不如无。

【注释】

①大丈夫：有志气、有节操、有作为的男子。

【译文】

请求别人帮助应该去求那些有志气、有作为的男子汉，救济别人就应该救济那些处于急难中而没有办法的人。口渴的时候一滴水也如同甘露一般甜美，喝醉酒后再添杯还不如不添。

久住令人嫌，频来亲也疏。

【译文】

在别人家住久了会让人讨厌嫌弃，亲戚间频繁往来反而会变得很疏远。

酒中不语[1]真君子，财上分明大丈夫。

【注释】

①不语：指不胡言乱语。

【译文】

喝酒时不胡言乱语才是真正的君子，在钱财上分得清清楚楚才是真正有节操的男子汉。

出家[1]如初[2]，成佛有余。

【注释】

①出家：离开家庭，到寺庙道观里去做僧尼或道士。②初：开始的时候，当初。

【译文】

像刚出家时一样真心诚意，虔心礼佛，那么成佛就会比较容易。

积金千两，不如明解经书①。养子不教如养驴，养女不教如养猪。有田不耕仓廪②虚，有书不读子孙愚。仓廪虚兮③岁月乏④，子孙愚兮礼义疏。同君一席话，胜读十年书。人不通今古，马牛如襟裾⑤。

【注释】

①经书：指中国古代被儒家尊为经典的文化典籍。“经”一般指《诗经》《尚书》《礼记》《周易》《春秋》等，合称五经。“书”指《大学》《中庸》《论语》《孟子》，合称四书。这里的经书指的是“四书五经”，是研究我国古代历史和儒家学术思想的重要资料。②仓廪：贮藏米谷的仓库。③兮：古文中的助词，没有实际意义。④乏：穷困，匮乏。⑤人不通今古，马牛如襟裾（jīn jū）：语出唐代韩愈的《符读书城南》诗：“人不通古今，马牛而襟裾。”襟裾，衣服的前襟和后襟，借指人的衣服。意思是人如果不知道古往今来的历史变迁，就像马牛穿上人的衣服一样。用来形容人不知道历史，就会显得没有头脑和无知。

【译文】

积蓄千两黄金，也不如通晓四书五经。养了儿子不教育就和养驴没有区别，养了女儿不教育就和养猪没有两样。有了田地不耕种，粮仓也会空虚；有经书典籍不读，子孙必定会愚笨。粮仓空虚了，生活没有保障，日子就会贫困；子孙愚笨就会导致礼仪粗疏。同你（有修养的人）长谈一次话，胜过读了十年的书，受益匪浅。一个人如果不能通晓古今知识，就如同牛马穿上人的衣服一样。

茫茫四海人无数，哪个男儿是丈夫。白酒酿成缘好客，黄金散尽为收书①。救人一命，胜造七级浮屠②。城门失火，殃及池鱼③。

【注释】

①白酒酿成缘好客，黄金散尽为收书：语出唐代吕岩的《题沈东老壁》：“西邻已富忧不足，东老虽贫乐有余。白酒酿来缘好客，黄金散尽为收书。”诗句表达了对好客且爱书，贫穷而豁达乐观的人生境界的赞赏与向往。②浮屠：亦作浮图，为佛教用语，是梵语的音译，指佛塔。③城门失火，殃及池鱼：语出北齐杜弼的《檄梁文》：“但恐楚国亡猿，祸延林木，城门失火，殃及池鱼。”意思是楚国的猿猴逃跑了，恐怕会将祸害带到树林里，城门失火了，护城河中的鱼也会遭殃。以此说明世界上的许多事情，看上去没什么关系，但实际上是相关的。

【译文】

茫茫四海中，人多得不计其数，但哪个男儿才是真正的大丈夫呢？酿造美酒是因为喜欢结交朋友，花掉所有黄金是为了收买书籍。救人一命，胜过修建一座七层佛塔。城门口失火了，取护城河水救火，就会令池水中的鱼遭殃。

庭前生瑞草①，好事不如无。欲求生富贵，须下死工夫。百年成之不足，一旦败之有余。

【注释】

①瑞草：吉祥之草，如灵芝等较为罕见的植物。

【译文】

庭院前生长出吉祥的草，会招来人们纷纷观看，这样的好事还不如没有。如果想得到荣华富贵的生活，必须付出拼死的努力。做一件事花费上百年的时间还不一定成功，但一朝不慎就可以轻松毁坏。

人心似铁，官法①如炉②。善化不足，恶化有余。

【注释】

①官法：指国家的法规、法度、法律。②炉：冶炼用的熔炉，这里用来比喻国家的法律对人的教化和惩处。

【译文】

如果把人心比作铁的话，国家的法律法规则像冶铁的熔炉。如果善性对你的感化不够，则恶性对你的改变就会变本加厉。

水至清则无鱼，人至察则无徒①。知②者减半，省③者全无。

【注释】

①水至清则无鱼，人至察则无徒：语出《大戴礼记·子张问入官》。意思是水如果过于清澈就没有鱼了，人如果太精明就没有朋友了。②知：通“智”，智慧，聪明。③省：清醒，醒悟，彻悟。

【译文】

水过分清澈就不会有鱼，人过于明察就不会有朋友。世上的聪明人应该减少一半，而彻悟的人根本没有。

在家由父，出家[1]从夫。痴人畏妇[2]，贤女敬夫。

【注释】

①出家：指女子出嫁后离开自己原来的家。②妇：妇人，这里指老婆。

【译文】

女子在家里要听从父亲，离家出嫁后要服从丈夫。愚笨的人害怕老婆，贤惠的女人敬重丈夫。

是非终日有，不听自然无。宁可正[1]而不足[2]，不可邪而有余[3]。宁可信其有，不可信其无。

【注释】

①正：做正直的人。②不足：指生活贫困。③有余：指生活富足。

【译文】

是是非非每天都有，若不去听自然就不存在了。宁可生活贫困也要做一个正直的人，不能为了生活富足而做一个奸邪的人。有些事宁可相信它存在，也不要相信它没有。

竹篱茅舍风光好，道院僧堂[1]终不如。命里有时终须有，命里无时莫强求。道院迎仙客[2]，书堂隐相儒[3]。庭栽栖凤竹[4]，池养化龙鱼[5]。

【注释】

①道院僧堂：指道观和寺庙，分别是道士和僧尼居住、修行的地方。②仙客：这里指具有仙人一般高雅脱俗的气质的宾客。③相儒：指能够辅佐君主、治理国家的读书人。④栖凤竹：供凤凰栖息的竹子。⑤化龙鱼：鲤鱼的美称，相传鲤鱼跃过龙门之后就能变化为龙。

【译文】

自家的竹篱茅屋风光很好，就是道观寺院也比不上。命中注定有的一定会有，命中注定没有的就不要再三强求了。道观里迎接仙人一般雅致的宾客，学堂书斋里隐居着的是能辅佐君主、治理国家的儒士。庭院里栽有供凤凰栖息的竹子，池塘里饲养着能够化龙的鲤鱼。

结交须胜己①，似我不如无。但②看三五日，相见不如初。

【注释】

①胜已：超过自已，比自已优秀。②但：只要。

【译文】

结交朋友必须找学识本领胜过自己的人，和与自己水平差不多的人交往还不如不交往。只要相处了三五天，再相见就会发现还不如初次见时的印象好。

人情似水分高下，世事如云任卷舒①。

【注释】

①卷舒：此处指天上的云彩一会儿卷起，一会儿展开，比喻世事无常，变化多端。

【译文】

人的情意像流水一样有高下、厚薄之分，人世间的事情如同天上的浮云一样变幻莫测。

会说说都是，不会说无礼。

【译文】

能说会道的人给人的感觉是他说的都是对的，而不善言谈的人给人的感觉就好像他是个不懂礼仪的人。

磨刀恨①不利，刀利伤人指。求财恨不得，财多害自己。知足常足，终身不辱。知止常止，终身不耻②。有福伤财，无福伤己。

【注释】

①恨：遗憾，后悔，此处指唯恐。②知足常足，终身不辱。知止常止，终身不耻：出自《道德经》第四十四章：“故知足不辱，知止不殆，可以长久。”意思是懂得满足就不会受到屈辱，懂得适可而止就不会遇到危险，这样才可以长久平安。

【译文】

磨刀时都唯恐磨得不够锋利，但刀过于锋利则易伤人手指。追求钱财唯恐得不到，但钱财太多反而会害了自己。明白知足常乐的道理就会经常感到满足，如此则可终身都不受侮辱。懂得任何事物都有止境就应适可而止，能做到这样，一生都不会遭受耻辱。有福之人遭到不幸只是损失钱财，无福之人遭遇不幸则会伤及自身性命。

【读·品·悟】

凡事知足常乐，止于当止之时，这是为人的本分。知足是一种态度，古语有云：“无欲则刚。”无所求，而不求人，则己身直。知足是一种境界，老庄安于贫苦，与蝶为伴，击缶而歌，飘然洒脱。陶朱智慧，止于当止，携美泛湖，何等逍遥！杨修聪明，不谙当止，屡揣魏武之意，落得身首异处。急流勇退，止于当止之时，留下的是传奇；辉煌之后，则如烟花消逝，只留一地残屑，徒增莞尔。

差之毫厘，失之千里①。若登高必自卑，若涉远必自迩②。三思而行，再思可矣③。使口不如自走，求人不如求己。

【注释】

①差之毫厘，失之千里：语出《礼记·经解》：“《易》曰：‘君子慎始，差若毫厘，缪以千里。’”意思是开始时极其细小的差错，却会造成很大的错误。②若登高必自卑，若涉远必自迩：语出《礼记·中庸》：“君子之道，辟如行远必自迩，辟如登高必自卑。”意思是君子所奉行的道，就像走向远方一定要从近的地方起步，就像登上高处一定要从低的地方开始。③三思而行，再思可矣：语出《论语·公冶长》：“季文子三思而后行。子闻之，曰：‘再，斯可矣。’”意思是季文子每件事考虑多次才行动。孔子听说这件事，说：“想两次也就可以了。”

【译文】

开始时非常微小的差错，结果都会造成天大的错误。如果想要登上高处就一定要从低处开始，而要向远方行走则必定从近处开始。凡事多次思考后再行动，但通常考虑两次也就可以了。动口劝说支使别人不如自己亲自去做，与其求人帮助还不如靠自己努力。

小时是兄弟，长大各乡里。妒财莫妒食，怨生莫怨死。

【译文】

小的时候在一起玩耍，那时彼此都是好兄弟；长大成人后就各奔东西，纷纷居住在他乡。妒忌别人的钱财可以，但不能妒忌别人的饮食；别人活着的时候你可以埋怨，死去之后就不要再埋怨了。

〖读·品·悟〗

这两则谚语虽然通俗直白，但同样富有深意。童年时形影不离的亲密弟兄，长大后却各奔东西，常会因为出身、地位、职业、贫富等因素而变得生疏。鲁迅先生所写的小说《故乡》中关于闰土的故事，就是一个很好的例证。而第二则谚语强调的是人们不要过于心胸狭隘，应有宽恕之心。

人见白头嗔①，我见白头喜。多少少年亡，不到白头死。

【注释】

①嗔（chēn）：生气，发怒。

【译文】

别人发现自己头发白了就很生气，我见了白头发却很高兴。世界上多少人年在轻黑发时就死去了，没有活到有白头发的时候。

墙有缝，壁有耳①。好事不出门，恶事传千里。

【注释】

①壁有耳：指墙壁后面有耳朵（即有人）在偷听。

【译文】

再好的墙壁也有缝隙，隔着墙也会有人偷听，应该时时提防。好的事情不容易传出去，而坏事却可以迅速传到千里之外。

贼是小人，知①过君子。君子固穷，小人穷斯滥也②。贫穷自在，富贵多忧。不以我为德，反以我为仇。宁向直中取，不可曲中求③。

【注释】

①知：通“智”。②君子固穷，小人穷斯滥也：语出《论语·卫灵公》：“子曰：‘君子固穷，小人穷斯滥矣。’”意思是，孔子说：“君子安于穷困，小人遇到穷困，就会胡作非为了。”固，坚持，安守。斯，乃，就。滥，泛滥，这里指胡作非为。③宁向直中取，不可曲中求：出自一个关于姜尚的民间传说，《封神演义》中有记载，樵子武吉在渭水边上发现了正在垂钓的姜尚，见他用直钩钓鱼，武吉觉得很奇怪，上前问他：“别人都用弯钩钓鱼，你为什么用直钩？能钓到鱼吗？”姜尚一笑，对曰：“宁在直中取，不向曲中求。不为锦鳞设，只钓王与侯。”意思就是：“我（姜尚），做事宁可直着来，也绝不拐弯抹角去做事。我的鱼饵不是为那些鱼准备的，只等那些王侯将相前来上钩。”直，指正当的手段。曲，可指歪门邪道。

【译文】

贼虽然是卑鄙小人，但其智慧有时可以超过君子。君子虽然穷困，·但能安守贫困，小人穷困了则会胡作非为。人虽贫穷但活得自在，人变富贵后因为想法太多会增添很多忧愁。不但不感激我的恩德，反而说我坏话，把我当作仇人。宁可用正当的方法去争取到很少的利益，也不可为达到目的而不择手段去谋求更多利益。

人无远虑，必有近忧①。知我者谓我心忧，不知我者谓我何求②。晴天不肯去，直待雨淋头。

【注释】

①人无远虑，必有近忧：语出《论语·卫灵公》，意思是一个人如果没有长远的打算，那么眼前就一定有麻烦。虑，考虑，打算。②知我者谓我心忧，不知我者谓我何求：出自《诗经·王风·黍离》，意思是了解我的人，认为我心中忧愁惆怅；不了解我的人，还以为我待在这儿

别有所求。

【译文】

人若没有了长远的打算，那么一定会被眼前的难事所困扰。了解我的人，认为我心中忧愁惆怅；不了解我的人，还以为我待在这儿别有所求。天气晴好时不愿意出门办事，直等到大雨淋头时才开始行动，这时候已经晚了。

成事莫说①，覆水难收②。是非只为多开口，烦恼皆因强出头。忍得一时之气，免得百日之忧。近来学得乌龟法，得缩头时且缩头。惧法③朝朝乐，欺公④日日忧。

【注释】

①成事莫说：出自《论语·八佾》："子闻之，曰：'成事不说，遂事不谏，既往不咎。'"意思是凡是已经做成了的事情，就不必说了；已经接近完结的事情，就没必要再去劝告；已经做过的事情，就没必要再去追究它的得失与责任了。②覆水难收：语出范晔的《后汉书·何进传》，意思是倒在地上的水难以收回。比喻事情已成定局，无法挽回。③惧法：害怕法律惩处。④欺公：欺骗国家、民众，这里指各种违法行为。

【译文】

事情办完了，不管好坏就不要再说了，因为泼出去的水终究是收不回来的。是非都是由说话过多引发的，烦恼都是争强好胜所招致的。忍下一时的怨气，可以免除长久的忧患。近来学到了一种乌龟的方法，该缩头的时候就要把头缩回去。害怕法律的人天天都会安乐，冒犯法律的人时时都有忧患。

人生一世，草生一春①。黑发不知勤学早，看看又是白头翁。月到十五光明少，人到中年万事休②。

【注释】

①草生一春：指草只生长一个春天，到了秋天就会枯萎。比喻生命短暂。

②休：停止，结束。

【译文】

人活一辈子，就像草木只能生长一个春天，非常短暂。黑发年少时不知道勤学苦读，转眼间就会变成白发老翁。月亮过了十五后光明就会越来越少，人到中年还一事无成，往后也就不会有大的作为了。

传统文化小知识

尚书

《尚书》，又称《书经》《书》，是我国最古老的一部史书。《尚书》是中国上古时期的历史文献和部分追述史迹著作的汇编，共有100篇；所记之事自上古尧舜时期起，直至春秋中期结束，共1500多年。按照时代先后顺序，它分为《虞书》《夏书》《商书》《周书》4个部分，其中大多数是直接收录的原始的文献资料，特别是书中关于商后期以及周初期的资料，相当可靠，是研究当时社会历史的宝贵参考资料。

儿孙自有儿孙福，莫为儿孙作马牛。人生不满百，常怀千岁忧①。

【注释】

①人生不满百，常怀千岁忧：出自汉乐府《古诗十九首》中的第十五首，原诗为“生年不满百，常怀千岁忧”，意思是一个人活在世上通常不满百岁，心中却因老是记挂着千年的事情而忧愁。

【译文】

儿孙自有儿孙应有的福气，不要为他们当牛做马。人的一生连百岁都难以活到，却经常为千年的事情而发愁。

今朝有酒今朝醉，明日愁来明日忧①。路逢险处难回避，事到头来不自由。药能医假病，酒不解真愁。

【注释】

①今朝有酒今朝醉，明日愁来明日忧：出自唐代罗隐的绝句《自遣》，原文是“今朝有酒今朝醉，明日愁来明日愁”。这首诗表现了罗隐政治失意后悲愤无奈的颓唐情绪。

【译文】

今天有酒喝今天就一醉方休，明天的忧愁等到明天再说。路上遇到艰难险阻是很难回避的，麻烦事临到头上也就由不得自己了。药可以医治好假装的病症，饮酒却不能排解真正的忧愁。

人平不语①，水平不流。一家有女百家求，一马不行百马忧。有花方酌酒，无月不登楼。三杯通大道②，一醉解千愁。深山毕竟藏猛虎，大海终须纳细流。

【注释】

①人平不语：语出《五灯会元》卷十八，意思是一个人如果得到了公平合理的待遇，就不会再表示不满了。②三杯通大道：出自唐代李白的《月下独酌》："三杯通大道，一斗合自然。"意思是喝完三杯酒就能通晓人生的大道理，饮酒一斗就完全与自然之道相合了。大道，人生真理。

【译文】

人感到公平了就不会再议论，水面平了也就不再流动了。一家养育了女儿，会有百家来求亲；一匹马犹豫不走，百匹马都跟着犯愁。有花可赏的时候才可以喝酒，没有明月为伴就不要登楼赏景。饮酒三杯就能够通晓人生的道理，一醉不醒就可以解除各种烦恼忧愁。深山中必然会藏有猛虎，大海终究会容纳细小的溪流。

惜花须检点①，爱月不梳头②。大抵选他肌骨③好，不擦红粉也风流。

【注释】

①检点：言行谨慎的样子。②梳头：古代妓院中，处子梳辫，接客梳髻。因此首次接客，称梳头，亦称梳栊、梳拢、梳弄。③肌骨：肌肤与骨骼，代指人的肌肤体态，这里指女子的容颜。

【译文】

珍惜鲜花就要做到行为谨慎，喜爱月色就不要去梳头。主要是她容颜美丽，即使不擦脂抹粉也很漂亮。

受恩深处宜先退，得意浓时便可休。莫待是非来入耳，从前恩爱反为仇。留得五湖[1]明月在，不愁无处下金钩。休别有鱼处，莫恋浅滩头。去时终须去，再三留不住。

【注释】

①五湖：古代吴越地区湖泊。《国语·越语》中记载，春秋末期越国大夫范蠡，辅佐越王勾践灭吴后，功成身退，乘轻舟隐居在五湖。后来“五湖”就代指隐遁之所。

【译文】

得到的恩宠很深时应及早退出身来，春风得意时要及时罢休。千万不要等是非传入耳内，致使过去的恩爱变成怨仇。只要留住五湖上的明月，就不愁没有地方垂下钓鱼的金钩。不要轻易地离开有鱼的地方，也不要过分地迷恋水浅的滩头。该离去的终究要离去，再三相留也留不住。

忍一句，息一怒；饶一着[1]，退一步。

【注释】

①着（zhāo）：下棋时下一子或走一步叫一着。

【译文】

忍住少说一句，就能平息别人的一次愤怒；让人一着，别人也会退让一步。

三十不豪，四十不富，五十将来寻死路。

【译文】

人如果到三十岁不自立自强成为英豪，到四十岁就不会变得富裕起来，到五十岁就死路一条。

生不论魂，死不认尸。父母恩深终有别，夫妻义重也分离。人生似鸟同林宿，大限①来时各自飞。

【注释】

①大限：寿命的极限，指死期。古人认为人的寿命都是有定数的，大限已到就是寿数已到，快死了的意思。

【译文】

活着的时候不能正确认识自己的灵魂，死了也不会正确认识自己的尸体。父母的恩情很是深重，但总有分别的时候；夫妻情义深重，也总有分离的时候。人生就像鸟栖息在同一个林子里，死期临头就会各飞去。

人善被人欺，马善被人骑。人无横财①不富，马无夜草②不肥。人恶人怕天不怕，人善人欺天不欺。善恶到头终有报③，只争④来早与来迟。黄河尚有澄清日⑤，岂可人无得运时。

【注释】

①横财：意外得来的钱财（多指用不正当手段得来的）。②夜草：夜间供给牲畜的饲料。③报：因果报应。④争：相差。⑤黄河尚有澄清日：古人传说黄河水变清就会天下太平。

【译文】

人过于善良就会被别人欺负，马太温顺驯服就会被人任意骑。人没有意外得来的钱财就不能富有，马不吃夜草就不会长得肥壮。凶恶的人人们都会害怕他，但上天不会害怕；善良的人会被人欺负，但上天不会欺负他。无论是行善还是作恶，到头来都会得到报应，只不过是时间来得早些或迟些而已。黄河水尚且有澄清的时候，人怎么可能没有时来运转的那一天呢？

得宠思辱，居安虑危。念念[1]有如临敌日，心心[2]常似过桥时。

【注释】

①念念：常常想。②心心：时刻想。

【译文】

得到宠爱的时候应考虑到将来可能遭受的耻辱，平安无事时要想到以后可能发生的危险。要常常如临大敌一样警惕，时刻像过独木桥一样小心谨慎。

英雄行险道，富贵似花枝。人情莫道春光好，只怕秋来有冷时。

【译文】

英雄豪杰所走的道路充满艰险，荣华富贵如同花枝一样容易凋谢。人情关系并不总是如同春天的景色一样美好，只怕也有像秋天来临时那样冷冷清清的时候。

送君千里，终须一别。

【译文】

就算将朋友送到千里之外的地方，最后还是得分别。

但将冷眼观螃蟹，看你横行到几时。

【译文】

只须用冷静的眼光来看爬行着的螃蟹，看它究竟能横行霸道到什么时候。

见事莫说，问事不知。闲事休管，无事早归。

【译文】

看见什么事也不要说，别人询问什么事就说不知道。闲事不要去管，没事了就早点儿回家。

假缎①染就真红色，也被旁人说是非。善事可作，恶事莫为。许②人一物，千金不移③。龙生龙子，虎生虎儿。龙游浅水遭虾戏，虎落平阳④被犬欺。

【注释】

①缎：一种质地厚密而有光泽的丝织物。②许：许诺，答应。③移：改变。④平阳：地势平坦的地方。

【译文】

假的绸缎即使染上真的红色，也难免被人说三道四。好事要多做，坏事千万不能干。答应送给别人的东西，就是有人以千金相换也绝不能改变。龙生龙，虎生虎。龙游到了水浅的地方连小虾也敢戏弄它，老虎落入平坦的地方反会被家犬所欺负。

一举[①]首登龙虎榜[②]，十年身到凤凰池[③]。十年寒窗无人问，一举成名天下知。

【注释】

①举：指科举，是中国从隋唐到清代的分科考选文武官吏后备人员的考试制度。②龙虎榜：科举考试录取的榜单上均为社会知名人士，这样的榜单被称为龙虎榜。后来称会试中选为登龙虎榜。③凤凰池：古代的政府机构中书省，因掌管机要，接近皇帝，被称为凤凰池，后来代指朝廷，这里指显要的官职。

【译文】

参加科举考试一旦荣登龙虎榜，那么十年之后就可以身居要职了。寒窗下苦读十年无人问津，参加一次科举考试成功后，天下人都会知道他的名字。

酒债寻常行处有，人生七十古来稀[①]。

【注释】

①酒债寻常行处有，人生七十古来稀：语出唐代杜甫的《曲江二首》

（其二），意思是因赊酒太多，处处都欠有酒债；之所以如此放纵饮酒，是因为能活到七十岁的人，自古以来就不多。

【译文】

喝酒欠债的事情走到哪儿都会有，但能活到七十岁的人自古以来就不多。

养儿待老，积谷防饥。鸡豚狗彘之畜，无失其时①。数口之家，可以无饥矣②。常将有日思无日，莫把无时当有时。

【注释】

①鸡豚（tún）狗彘（zhì）之畜，无失其时：语出《孟子·梁惠王上》，意思是喂养鸡、狗和猪，不要错过它们繁殖的时机。豚，小猪。彘，本指大猪，后泛指一般的猪。②数口之家，可以无饥矣：语出《孟子·梁惠王上》，意思是只有几口人的家庭，就可以不挨饿了。

【译文】

养育儿子是为了到年老时有所依靠，积储粮食是为了防备饥荒。喂养鸡、狗和猪，不要错过它们繁殖的时机。只有几口人的家庭，就可以不挨饿了。要经常在有吃穿的日子里想想没有吃穿的时候，不要将没有条件的时候当作有条件的时候。

时来风送滕王阁①，运去雷轰荐福碑②。

【注释】

①滕王阁：位于江西南昌，为唐高祖李渊之子李元婴任洪州都督时所建，因李元婴被封为滕王，故称其滕王阁。它与湖北武汉的黄鹤楼、湖南

岳阳的岳阳楼并称“江南三大名楼”。②荐福碑：指江西鄱阳荐福寺的寺碑，其碑文由唐代书法家李北海撰文，欧阳询书。

【译文】

好运气来临的时候，风都会将你送到滕王阁；运气不佳时，雷电能击毁荐福碑。

入门休问荣枯①事，观看容颜便得知。官清书吏②瘦，神灵庙祝③肥。

【注释】

①荣枯：草木茂盛与枯萎，比喻人世的盛衰、穷达。②书吏：指承办文书的吏员，是各官署吏员的总称。他们秉承主官意旨，承办公事，属雇员性质。这些人凭借着对文书处理和档案管理的垄断与控制，大肆营私舞弊，为害百姓。③庙祝：寺庙中管香火的人。

【译文】

到别人家去，进门后不必问主人的家业盛衰如何，看看他的脸色表情也就大致知道了。为官清正廉洁，下面当差的吏员就捞不到油水，所以清瘦；庙里的神仙很灵验，香客就会络绎不绝，也就养肥了管香火的人。

息①却②雷霆之怒③，罢却④虎狼之威。饶人⑤算⑥人之本⑦，输人⑧算人之机⑨。好言难得，恶语易施。一言既出，驷马⑩难追。

【注释】

①息：平息，停息。②却：消除，除去。③雷霆之怒：像霹雳一样的

盛怒。形容愤怒到了极点。雷霆，霹雳。④罢却：停止，收起。⑤饶人：宽恕别人。⑥算：算是，算作。⑦人之本：做人的根本。⑧输人：输给别人，别争强好胜。⑨机：关键。⑩驷马：指同拉一辆车的四匹马。

【译文】

平息如雷霆般的怒火，收敛似虎狼般的威风。能宽恕别人是做人的根本，多让让别人是做人的关键。说别人的好话是很难得的，说别人的坏话则很容易。一句话说出口，就是四匹马拉的车也追不回来。

道吾好者是吾贼，道吾恶者是吾师。路逢侠客须呈剑，不是才人莫献诗。三人同行，必有我师焉，择其善者而从之，其不善者而改之①。

【注释】

①三人同行，必有我师焉，择其善者而从之，其不善者而改之：语出《论语·述而》，意思是几个人一起走路，其中必定有人可以做我的老师。我选择他善的品德向他学习，看到他不善的地方就作为借鉴，改掉自己的缺点。三，是概数，不是确数，泛指多个人。

传统文化小知识

诗经

《诗经》又称《诗三百》，是我国第一部诗歌总集，收集了从西周初期到春秋中期的305篇民歌、庙堂宴饮乐歌和祭祀乐歌。西汉时被尊为儒家经典，称《诗经》。它是中国现实主义文学的光辉起点，对中国的文学传统和民族特色的形成起到了重要作用。“风、雅、颂、赋、比、兴”被称为《诗经》的“六义”。

【译文】

吹捧我的优点的人其实是伤害我的贼人，而能指出我的缺点的人则可以成为我的老师。行路时遇到侠客应当呈上宝剑给他鉴赏，遇到的若不是才子就不要去献诗。几个人一起走路，其中必定有人可以做我的老师，我选择他的优点向他学习，看到他的缺点就作为借鉴，从而改掉自己的缺点。

少壮不努力，老大徒伤悲①。

【注释】

①少壮不努力，老大徒伤悲：出自汉乐府诗《长歌行》。徒，白白地。

【译文】

年轻时不努力学习上进，到年老时一事无成，只能白白地独自悲伤了。

人有善愿，天必佑之。

【译文】

一个人如果心存善良的愿望，那么上天就必定会护佑他。

莫饮卯时①酒，昏昏醉到酉②。莫骂酉时妻，一夜受孤凄。

【注释】

①卯时：指早上5点到7点。②酉：酉时，指下午5点到7点。

【译文】

不要在早晨喝酒，否则会昏昏沉沉醉到傍晚。不要在傍晚喝骂妻子，否则一夜都会孤单寂寞，无人理会。

种麻得麻，种豆得豆。天网恢恢，疏而不漏[①]。见官莫向前，做客莫在后。宁添一斗，莫添一口。螳螂捕蝉，岂知黄雀在后。不求金玉重重贵，但愿儿孙个个贤。

【注释】

①天网恢恢，疏而不漏：出自《道德经》第七十三章，原文是：“天网恢恢，疏而不失”。一说出自《魏书·任城王传》：“天网恢恢，疏而不漏”。恢恢，宽阔广大的样子。疏，事物间距离大，空隙大，与“密”相对。

【译文】

种麻得麻，种豆得豆。天网广阔无垠，虽然网孔稀疏，却绝不会有一点儿遗漏。面见当官的不要着急地往前凑，到别人家做客时不要往后退缩。宁可给家里多添一斗粮食，也不要吃饱后再加饭。螳螂在专心捕捉蝉，又怎么知道黄雀正在它后面想啄它。不追求家中有贵重的金玉，只希望子孙个个都有出息。

一日夫妻，百世①姻缘。百世修来同船渡，千世修来②共枕眠。

【注释】

①百世：世世代代。指久远的岁月，时间无穷尽。这里的百世和下文的千世，都不是实指。②修来：修业进德以求将来之功。可解释为有幸得到的意思。

【译文】

即使做一天的夫妻，这也是百世修成的姻缘。因百世修来的缘分才可以同舟共济，因千世修来的福分才能同床共枕。

杀人一万，自损三千。伤人一语，利如刀割。

【译文】

杀死敌人一万，自己也要损失三千。说一句伤害别人的话，锋利得就像用刀割（别人的心）一样。

枯木逢春犹①再发，人无两度再少年。未晚先投宿，鸡鸣早看天。

【注释】

①犹：还能。

【译文】

枯萎的树木到了春天还能再次发芽，人却不会拥有两次少年时光。出门在外，天没黑就应先找旅店投宿，听到鸡叫了就要起来看看天亮了没有。

将相胸前堪①走马，公侯肚里好撑船。

【注释】

①堪：可以，能够。

【译文】

将军和宰相能承担大事，心胸开阔得可以跑马；公侯显贵应当宽宏大量，肚里宽阔得可以行船。

富人思来年，贫人思眼前。世上若要人情好，赊去物件莫取钱。死生有命，富贵在天①。

【注释】

①死生有命，富贵在天：出自《论语·颜渊》，大意是人的生死、能否富贵这些事情都是命中注定的。

【译文】

富人思考来年长远的事情，穷人却只能考虑眼前的事。在世上要想图个好人缘，赊给别人的东西就不要收钱。人的生死都是命里注定的，能否富贵也都是上天安排的。

击石①原有火，不击乃无烟。人学始知道②，不学亦徒然③。莫笑他人老，终须还到老。但能依本分，终须无烦恼。

【注释】

①石：指燧石，俗称“火石”。因为燧石和金属击打会产生火花，中国古代常用一小块燧石和一把金属制的火镰击打取火。②道：道理。③徒然：得不到任何收获。

【译文】

击打火石就会迸出火星，如果不去撞击就不会产生烟。人只有努力学习才会明白事理，不学习就得不到任何收获。不要笑话别人已经老了，自己有一天也会变老。只要能安分守己做人，一生都不会有烦恼。

君子爱财，取之有道①。贞妇②爱色③，纳之以礼。

【注释】

①道：正当的途径。②贞妇：贞洁的女子。③色：美貌。

【译文】

君子也喜爱钱财，但都是从正当途径得来的。贞洁的女人也喜欢美貌，但只接受那些符合礼节习俗的服饰装扮。

善有善报，恶有恶报。不是不报，日子未到。

【译文】

做好事会有好的结果，干坏事也会有坏的报应。不是没有报应，只是报应的时间还没到。

人而无信，不知其可也[1]。

【注释】

①人而无信，不知其可也：出自《论语·为政》。信，信用。

【译文】

一个人如果不讲信用，真不知道他该怎么办。

一人道好，千人传实。凡事要好，须问三老[1]。若争小可[2]，便失大道。年年防饥，夜夜防盗。

【注释】

①三老：指古代掌教化的乡官。乡、县、郡均曾设置，多由地方上有名望、能服众的年长者担任。②小可：寻常，轻微，不值一提，这里指小事小非。

【译文】

一个人说好，经过上千人传来传去也就变成真的了。凡事要想办好事，必须向德高望重的老人请教。如果在一些小事小非上斤斤计较，便会背离大道。每年都要防备闹饥荒，每天夜里都要提防盗贼。

学者如禾如稻，不学者如蒿[1]如草。

【注释】

①蒿（hāo）：一种野生草本植物。

【译文】

学习的人跟禾苗与稻谷一样都是有用的，不学习的人则像蒿草一样没有什么用处。

遇饮酒时须饮酒，得高歌处且高歌。

【译文】

碰到饮酒的机会就敞开大喝一场，有唱歌的机会就放开喉咙高歌一曲。

因[1]风吹火，用力不多。不因渔父引，怎得见波涛。

【注释】

①因：凭借。

【译文】

借着风力吹火，所用的力气就不会太多。不凭借渔翁的引导，怎能看见波涛。

无求到处人情好，不饮从他[1]酒价高。知事少时烦恼少，识人多处是非多。入山不怕伤人虎，只怕人情两面刀。强中更有强中手，恶人须用恶人磨。会使[2]不在家豪富，风流不用着衣多。

【注释】

①从他：任凭他，随便他。②会使：善于用钱，懂得如何用钱。

【译文】

不随便到处求助于人，人际关系自然会好；不到处喝酒的人，任凭他酒价再高也无所谓。知道的事情少烦恼自然也会少，认识的人多招惹的是非也会多。走进大山不害怕伤害人的老虎，却害怕人际关系中那些两面三刀的阴险小人。本领高强的人中还有更加强大的，恶人终究会受到更恶的人折磨。善于使用钱的人不在乎家里有多少财富，漂亮的人不在于穿很多华丽的衣服。

光阴似箭，日月如梭①。天时不如地利，地利不如人和②。黄金未为贵，安乐值钱多。

【注释】

①梭：织布时往返牵引纬线（横线）的工具，两头尖，中间粗，形状像枣核。这里指太阳和月亮像穿梭一样地来去，形容时间过得很快。②天时不如地利，地利不如人和：出自《孟子·公孙丑下》，意思是有利的时机和气候不如有利的地势，有利的地势不如人的齐心协力。

【译文】

光阴就像箭一样流逝，日月如同穿梭一般迅速交替。有利的时机和气候不如有利的地势，有利的地势不如人的齐心协力。黄金算不上宝贵，平安快乐的生活比黄金值钱得多。

世上万般皆下品①，思量②唯有读书高。世间好语③书说尽，天下名山僧占多。

【注释】

①下品：魏晋时期选拔官员的“九品中正制”中的下三品，即下上、下中、下下三个品级，属于低官品的官员。后泛指质量最低或等级最低者。②思量：考虑，仔细想。③好语：好话，指有道理的话。

【译文】

世间一切事物都是低下的，仔细考虑只有读书才是最高贵的。人世间的好话全让各种书籍说尽了，天下的名山多数都让僧人们占据了。

为善最乐，为恶难逃。羊有跪乳[①]之恩，鸦有反哺[②]之义。

【注释】

①跪乳：跪着吃奶。②反哺：反过来喂养父母。

【译文】

经常做好事是最快乐的事情，一旦做坏事就难逃责罚。羊羔有跪着吃奶以报答母亲的感恩之心，乌鸦有反过来喂养父母的情义。

你急他未急，人闲心不闲。隐恶扬善，执其两端①。

【注释】

①隐恶扬善，执其两端：语出《中庸》：“子曰：‘舜其大知也与，舜好问而好察迩言，隐恶而扬善。执其两端，用其中于民……’”意思是隐藏别人的坏处，宣扬别人的好处，努力避免过与不及这两种状态，而采取中庸之道用于百姓。

【译文】

你着急别人未必着急，人虽然闲下来了，心却闲不住。隐藏别人的坏处，宣扬别人的好处，努力避免过与不及这两种状态。

妻贤夫祸少，子孝父心宽。

【译文】

妻子贤惠，丈夫的灾祸就很少；儿子孝顺，父亲就可以放宽心了。

既坠釜甑①，反顾无益。翻覆之水，收之实难。

【注释】

①既坠釜甑（fǔ zèng）：已经掉到地上的釜甑。既，已经。坠，坠落。釜，古代的炊事用具，相当于现在的锅。甑，古代炊具，底部有许多小孔，放在鬲（lì）上蒸食物。

【译文】

已经掉在地上打碎了的釜甑，再回头看也没有意义了。已经泼在地上的水，再收起来实在太难。

人生知足何时足，人老偷闲且是闲。但有绿杨堪[1]系马，处处有路透长安[2]。

【注释】

①堪：能够。②透长安：通往长安。“透”在这里应该是“通”的意思。

【译文】

人生应该懂得知足，但不知道什么时候才能满足；人已经老了，能挤点儿时间清闲就挤点儿时间清闲一下。只要有绿色杨树就能拴住马，到处都有路可通往长安。

见者易，学者难。莫将容易得，便作等闲[1]看。用心计较般般[2]错，退步思量事事难。

【注释】

①等闲：平常。②般般：样样，件件，每一件。

【译文】

在旁边看别人做觉得很容易，一旦自己真正学起来就感觉很难。不要把轻易得到的东西，就当成平常之物看待。过于用心算计，反而会觉得每件事都做错了；退一步考虑事情，会觉得每件事都很困难。

道路各别，养家一般[1]。从俭入奢易，从奢入俭难[2]。

【注释】

①一般：一样，同样。②从俭入奢易，从奢入俭难：语出宋代司马光《训俭示康》：“由俭入奢易，由奢入俭难。”

【译文】

每个人所走的道路虽不相同，但治家的道理都是一样的。由俭朴到奢侈很容易，由奢侈再回到俭朴就难了。

知音①说与知音听，不是知音莫与弹。

【注释】

①知音：据《列子·汤问》记载，伯牙善弹琴，钟子期善听琴。伯牙弹到志在高山的曲调时，钟子期就说“峨峨兮若泰山”；弹到志在流水的曲调时，钟子期又说“洋洋兮若江河”。钟子期死后，伯牙不再弹琴，因为没有人能像钟子期那样懂得自己的琴声。后来，人们就以“知音”比喻对自己非常了解的人；“知音”也就成了知己朋友的代名词。

【译文】

知心的话只能说给自己的知音来听，不是知音人就不要弹琴给他听。

点石化为金①，人心犹未足。信了肚②，卖了屋。

【注释】

①点石化为金：指用手指一点使石头变成金子的一种法术。②信了肚：只为了填饱肚子，即顺从饮食之欲。

【译文】

即使有了点石成金的法术，人的贪心依然无法满足。为了填饱肚子，可能就会卖了房子。

他人观花，不涉[1]你目。他人碌碌[2]，不涉你足。

【注释】

①涉：涉及，牵涉。②碌碌：形容事务繁杂、辛苦奔波的样子。

【译文】

其他人观看花，不会牵涉到你的眼睛。别人的辛苦奔波，也不会牵涉到你的脚。

谁人不爱子孙贤，谁人不爱千钟粟[1]。莫把真心空计较，五行[2]不是这题目。

【注释】

①千钟粟：意思是五谷丰登，良田千顷，粮食满仓，在这里代指高官厚禄。钟，中国古代计量单位。粟，俗称谷子。②五行：中国古代的一种古老的普通系统论，认为人的命运是由“金、木、水、火、土”五种元素的相生相克所决定的。例如五行相生：金生水，水生木，木生火，火生土，土生金。可以根据一个人的五行属性，判断他的命运的好坏。

【译文】

哪个人不喜欢自己的子孙后代贤能，哪个人不喜欢高官厚禄。不要用尽心力去白白地谋划这些，要知道你的五行里根本就没有这样的运气。

与人不和，劝人养鹅[①]。与人不睦，劝人架屋[②]。但行好事，莫问前程。

【注释】

①养鹅：鹅在古代是吉祥的家禽，能看家守门。养鹅可以辟邪，因此劝人养鹅是善意的行为。②架屋：指盖房子。架屋在古代是喜庆吉利的大事，会有许多吉祥的祈祷活动，因此劝人架屋也是善意的行为。

【译文】

与别人合不来，就劝他去养鹅。跟他人不和睦，就劝他去盖房子。只管多做好事，不必刻意追求自己的前程。

河狭水急，人急计生。明知山有虎，莫向虎山行。路不行不到，事不为不成。人不劝不善，钟不打不鸣。

【译文】

河道狭窄了水流自然就急，人处在危急时刻自然会想出好办法来。明明知道山中有猛虎，就不要再向有猛虎的山上去行走了。不走路不可能到达目的地，如果不去做事情就不会成功。不进行劝导人就不会行善学好，不经敲打钟就不会响。

无钱方断酒，临老始看经[①]。点塔[②]七层，不如暗处一灯。

【注释】

①经：指佛经。②点塔：指佛塔的各层都点上灯供奉，表示信徒的虔诚。

【译文】

没钱的时候才想到戒酒，等到年纪老了才开始诵读佛经。把七层佛塔上供奉的灯都点亮，不如在黑暗处点亮一盏灯。

万事劝人休瞒昧，举头三尺有神明。但存方寸土，留与子孙耕①。灭却心头火，剔起佛前灯②。

【注释】

①但存方寸土，留与子孙耕：字面意思是保留方寸大的地方，留给子孙后代耕种。实际上的意思是，要积德行善，给子孙后代留下一颗善良的心。②剔起佛前灯：将佛前的灯盏挑亮。这里指信奉佛教。古代的灯多是燃油的，燃烧时灯芯会出现灰节，需要经常剔除。

传统文化小知识

祭祖

各个朝代以及不同性质的祠堂的祭祖的具体形式有所不同，但大同小异。多数祠堂一年在春秋两季各祭一次，有的宗族则只在春天祭祀一次，还有的则是一年分四季祭祀4次。祭祀的日期一般选在各季的节日期间，如春节（或清明节）、夏至、秋分、冬至等。如果遇到宗族子弟科举及第、官爵升迁或朝廷的恩荣赏赐等，也进行常制外的祭祀。

【译文】

奉劝人们，做任何事情都不要欺瞒别人，抬头三尺就有天上的神灵看着你的一举一动。要留下方寸大的田地，供子孙们耕种。要熄灭心头的怒火，挑亮佛前的青灯。

惺惺①常不足，懵懵②作公卿。众星朗朗，不如孤月独明。

【注释】

①惺（xīng）惺：聪明机灵。②懵（měng）懵：糊里糊涂。

【译文】

聪明能干的人常常意识到自己的不足，稀里糊涂的人竟然把自己看成朝廷的高官。众多的星星即使再明朗耀眼，也比不上一个月亮的明亮。

兄弟相害，不如自生。合理可作，小利莫争。

【译文】

兄弟间若互相残害，还不如自存自立。合情合理的事可以去做，蝇头小利就不要去争夺了。

牡丹花好空入目，枣花虽小结实成。

【译文】

牡丹花虽好但只能供人观赏，枣花虽小却能结出实实在在的果实。

欺老莫欺小，欺人心不明①。

【注释】

①不明：不明事理。

【译文】

宁可欺负年老之人，也不要欺负少年人，欺负人的人是不明事理的人。

随分[①]耕锄收地利[②]，他时饱满谢苍天。

【注释】

①随分：依据本性，按照本分。这里是尽力去做的意思。分，本分。②地利：指土地生产的财富，即收成。

【译文】

（按照农时）尽力去耕种田地，给庄稼除草，以获得收成；等到作物颗粒饱满、获得丰收的时候要记得感谢苍天保佑。

【读·品·悟】

古代的农业，靠天吃饭，丰收与否全看气候如何，干旱、洪涝、冰雹等各种自然灾害都会影响收成。因此，人要尽力耕作，这是尽人事。然而，收成好了，不应该忘记上天的功劳，风调雨顺是丰收的重要原因。由此推而广之，我们可以悟出这样的道理：所有的成功，并不仅仅是自己努力奋斗的结果，还有许多其他因素的推动，因此，我们要以感恩之心看待自己的成功。

得忍且忍，得耐且耐。不忍不耐，小事成大。

【译文】

凡事要冷静，能忍就忍，耐得住就要耐住。如果遇事不冷静，不能忍耐，就会把小事弄成大问题。

相论①逞英雄，家计渐渐退。贤妇令夫贵，恶妇令夫败。一人有庆，兆民咸赖②。

【注释】

①相论：相互攀比，争论。②一人有庆，兆民咸赖：语出《尚书·吕刑》，原作“一人有庆，兆民赖之”，意思是国君优秀善良，广大民众就可以获得长久的安宁。兆民，指广大民众。

【译文】

相互攀比，争论，以表现所谓的英雄气概，家道生计就会逐渐衰落下去。贤惠的妻子能使丈夫拥有荣华富贵，不贤惠的妻子将使丈夫一败涂地。国君优秀善良，广大民众就都有了依靠。

人老心未老，人穷志莫穷。人无千日好，花无百日红。

【译文】

人虽然会老去但壮心未必变老，人可以在财富上贫穷但在志气上不能贫穷。人不可能总是一帆风顺，就像花朵不可能总是保持鲜红，开百日而不败。

杀人可恕，情理难容。

【译文】

即使杀人的原因可以得到宽恕，但是在民情法理上也是难以容忍的。

乍富不知新受用①，乍贫难改旧家风。座上客常满，樽中酒不空②。屋漏更遭连夜雨③，行船又遇打头风。笋因落箨④方成竹，鱼为奔波始化龙。

【注释】

①受用：享受。②座上客常满，樽中酒不空：指家道富足，高朋满座，酒食充裕。语出《后汉书·孔融传》，孔融任太中大夫，“宾客日盈其门，常叹曰：‘坐上客恒满，尊中酒不空，吾无忧矣。’”这是孔融在升官后，对宾客盈门的一种感慨。③连夜雨：连夜的大雨，形容阴雨连绵。④箨（tuò）：竹笋外层一片一片的皮，即笋壳。

【译文】

刚刚富裕起来的人还不知道如何去享受，刚刚贫穷下来的人很难改变过去的优裕奢华的生活方式。家中经常宾朋满座，杯中的美酒从没有空过。屋子本来就漏，却又遭到连绵的阴雨；行船本就困难，偏又碰上迎头大风。笋因为不断剥落外壳才成为竹子，鱼只有经历在波涛中的翻腾后才可能变成龙。

记得少年骑竹马①，看看又是白头翁。

【注释】

①竹马：民间儿童游戏时当马骑的竹竿。常用来借指童年的美好生活。

【译文】

还记得少年时一起骑竹马的情景，但转眼相看都已成为白发苍苍的老翁。

礼义生于富足，盗贼出于贫穷。

【译文】

生活富足了才会懂得礼义之道，盗贼多是由于贫困而产生的。

天上众星皆拱北①，世间无水不朝东。

【注释】

①拱北：指天上的星星都围绕着北极星运转（古人这么认为）。拱，环绕，拱卫。北，指北极星。

【译文】

天上的星星都围绕着北极星而运转，世上没有江河不向东流入大海。

君子安平，达人知命。

【译文】

君子能够安于平淡的生活，通达的人能知晓自己的命运。

忠言逆耳利于行，良药苦口利于病。顺天者存，逆天者亡。人为财死，鸟为食亡。

【译文】

忠实的话语虽然听起来刺耳，但对人的行为却大有益处；疗效好的药虽然喝起来苦涩，却有利于治病。顺从天意的人可以生存得很好，违背天意的人必然会灭亡。人为抢夺钱财而死，鸟为觅取食物而亡。

夫妻相合好，琴瑟与笙簧[1]。有儿贫不久，无子富不长。

【注释】

①琴瑟（sè）、笙簧（shēng huáng）：都是古代的乐器。古人常用琴与瑟、笙和簧来形容夫妻感情和谐。

【译文】

夫妻之间和睦相处，就像琴与瑟、笙与簧一样配合密切、音韵和谐。有了儿子，贫穷不会长久；没有儿子，富贵不会长久。

善必寿老，恶必早亡。爽口食多偏作病，快心事过恐生殃。

【译文】

积德行善的人必然长寿，常做坏事的人一定早死。爽口的食物吃得太多反而要生病，开心的事做得过头了恐怕要遭殃。

富贵定要安本分，贫穷不必枉思量。画水无风空作浪，绣花虽好不闻香。贪他一斗米，失却半年粮。争他一脚豚[1]，反失一肘羊[2]。

【注释】

①一脚豚（tún）：豚的一只脚，即一只猪蹄。豚，小猪。②一肘

羊：羊的一个肘子。

【译文】

富贵的人一定要安分守己，贫穷的人就不要枉费心机胡思乱想了。画中的水面上并没有风，那滔天的波浪都是假的；布上绣出的花朵虽然好看，但闻不到半点儿花香。贪图他人一斗米，却失去了自己半年的口粮。争夺别人的一只猪蹄，自己反而失掉了一个羊肘子。

龙归晚洞云犹湿，麝①过春山草木香。

【注释】

①麝（shè）：俗称香獐，雄性能分泌麝香。

【译文】

龙在夜晚归洞了，但龙所乘的云还是湿的；春天时麝走过山谷，连草木都带有香味了。

平生只会量人短，何不回头把自量。见善如不及，见恶如探汤①。

【注释】

①见善如不及，见恶如探汤：语出《论语·季氏》，意思是看见善的，就怕自己赶不上；看见邪恶的，就如同把手伸到开水里（，不敢去接触）。汤，开水，沸水。

【译文】

有的人一辈子只会议论别人的短处，为什么不回过头来掂量下自身。看见好人好事，唯恐自己赶不上；看到坏人坏事，就像把手伸进沸水中一样（，生怕避不开）。

人贫志短，马瘦毛长。自家心里急，他人未知忙。贫无达士将金赠，病有高人说药方。

【译文】

人贫穷了往往志气也就短缺了，马瘦了必然显得毛长。自己的事情自己心里最着急，而别人不知道，不会有什么慌忙的。人贫穷的时候不会有人仗义送你钱财，生病的时候倒是可能有高人告诉你治病的良方。

触[①]来莫与说，事过心清凉。秋至满山多秀色，春来无处不花香。

【注释】

①触：触犯，抵触。

【译文】

当别人触犯了你的时候，不要与他计较争论，等事情过去之后心境自

传统文化小知识

斋戒

中国古人的斋戒是参加祭祀前所作的一些清洁身心的准备。所谓斋，指的是主动意义上的沐浴更衣、凝聚神思；戒，则是防范意义上的杜绝欲望和欢娱，如禁止饮酒食辛以及各种娱乐活动等。其目的在于表示对所祭祀的鬼神的虔诚，同时也使人通过几天在身心方面的准备，最终能够心无杂念，澄明清澈，以与鬼神进行精神交流。

然会清凉舒畅。秋天到了，漫山遍野都是秀丽的景色；春天来临了，到处弥漫着醉人的花香。

凡人不可貌相，海水不可斗量。清清之水，为土所防。济济之士①，为酒所伤。蒿草之下，或有兰香。茅茨②之屋，或有侯王。无限朱门③生饿殍④，几多白屋⑤出公卿。

【注释】

①济济之士：很多有才华的人。②茅茨（cí）：用茅草覆盖的屋顶。③朱门：红漆大门，指贵族豪富之家。古代王公贵族的住宅大门通常漆成红色，表示尊贵。④饿殍（piǎo）：指饿死的人。⑤白屋：指以白茅覆盖的房屋，为古代平民所居。

【译文】

（衡量）一个人不可凭相貌来判定，就像海水不能用斗来称量一样。清清的水流会被泥土阻塞。许多志士豪杰会被酒色伤害。蒿草的下面，可能生长着芬芳的兰草。茅草屋里边，可能住着将来的王侯将相。许多豪门权贵之家会出现一些饿死的无能子弟，多少平民百姓之家走出了公卿这样的高官。

醉后乾坤①大，壶中日月②长。万事皆已定，浮生③空白忙。

【注释】

①乾坤：天地。②壶中日月：指道家悠闲清静的无为生活。出自唐代

李白《下途归石门旧居》：“何当脱屣谢时去，壶中别有日月天。”③浮生：指人生。

【译文】

很多人喝醉后会感到天地无限广阔，悠闲清静，会觉得时间很漫长。世间万事上天都已经定好了，一辈子忙碌奔波都是徒劳。

千里送毫毛①，礼轻仁义重。

【注释】

①毫毛：也作鹅毛，指极其轻微的礼物。

【译文】

不远千里送来一根毫毛，礼物虽轻，情谊却很深重。

世事明如镜，前程暗似漆。光阴黄金难买，一世如驹①过隙。

【注释】

①驹：少壮的马。

【译文】

世上的事就像明镜一样清楚明了，但个人的前程却像漆一样暗淡。光阴是黄金买不到的，人生一世，就像马飞快地越过缝隙（，瞬间即逝）。

良田万顷，日食一升。大厦千间，夜眠八尺。千经万典，孝义为先。

【译文】

家有万顷良田，每天也只不过吃一升米。即使有千间广厦，夜里睡觉也只占去八尺长的一小块地方。所有的经典，都是以忠孝仁义为首要之事的。

一字①入公门②，九牛拖不出。衙门八字开③，有理无钱莫进来。

【注释】

①一字：只有一个字的状纸。②公门：官署，衙门。③八字开：指古代衙门的大门像“八字”一样敞开。

【译文】

只有一个字的状纸送进了衙门，九头牛也拉不回来了。官衙的大门像“八字”一样敞开着，奉劝那些空有理而没有钱的人还是不要进来了。

富从升合①起，贫因不算来。家中无才子，官从何处来。

【注释】

①升合（shēng gě）：一升一合，指数量很小。升、合，都是古代容量单位，相对较小。

【译文】

富贵是从一点一滴积累起来的，贫穷都是由不会精打细算造成的。家中没有有才能的人，又怎么会有做官的人呢？

万事不由人计较，一生都是命安排。急行慢行，前程只有多少路。

【译文】

世间的万事都不会因人的计较而改变，人的一辈子都是命运安排好的。急速地行走还是缓慢地走，前面的路程也只有那么多。

人间私语，天闻若雷。暗室亏心，神目如电。一毫之恶，劝人莫作。一毫之善，与人方便。欺人是祸，饶人是福。天网恢恢，报应甚速。圣贤言语，神钦鬼伏。

【译文】

人世间背地里讲的悄悄话，上天听起来像雷声那么响亮清楚。暗地里做的亏心事，神明的目光如电，看得明明白白。即便是最小的坏事，也劝

传统文化小知识

避讳

避讳是中国古代特有的现象，指的是在口头或书面提到某个人的名字中含有的字时，避开此字。避讳的原则是“为尊者讳，为亲者讳，为贤者讳”。避讳的方法，分为4种：代称法，即用另外一个名称替代本名称；改字法，即将所避讳的字改作另一字；空字法，即遇到避讳的字时，留空不写，读者也往往心领神会；缺笔法，即在写到这个字时，故意少写一至二笔。

你不要做。对人有利的好事即使再小，也要尽力去做，给人带来好处和方便。欺负别人会给自己带来灾祸，宽恕他人能给自己带来福分。天道就像宽广的大网，人们的所作所为会很快得到报应。圣贤的言语，即便是鬼神听到都很钦佩服气。

人各有心，心各有见。口说不如身逢，耳闻不如目见。

【译文】

每个人都有自己的心思，而每一个心灵都有自己的主见。嘴上说出来不如亲身经历过，耳朵听说不如亲眼看到。

养军千日，用在一朝。国清才子贵，家富小儿骄。

【译文】

长期训练军队，就是为了有朝一日爆发战争时用。国家太平清明，读书人才会得到重视；家境富裕，小孩子容易被娇生惯养。

利刀割体痕易合，恶语伤人恨不消。公道世间唯白发，贵人头上不曾饶。

【译文】

锋利的刀割伤了身体后的伤口还容易愈合，但恶毒的语言一旦伤害了别人，积累的怨恨是不易消除的。人世间最公道的只有人们头上的白发，就是富贵之人，他们头上也会长白头发。

有钱堪出众，无衣懒出门。为官须作相，及第[1]必争先。

【注释】

①及第：指科举考试中选，因榜上题名有甲乙次第，故名。

【译文】

有钱的人愿意在人前显示，而没有好衣服穿的人连门都不愿出。做官就要做到宰相，参加科举考试就要争取名列前茅。

闲时不烧香，急时抱佛脚。幸生太平无事日，恐逢年老不多时。国乱思良将，家贫思贤妻。池塘积水须防旱，田地勤耕足养家。根深不怕风摇动，树正无愁月影斜。

【译文】

平常无事的时候不去寺庙烧香敬佛，到了紧急关头才想起求佛祖保佑。很幸运生在了太平无事的时代，唯恐到了老年，所剩的时间不多了。国家战乱就会祈求优秀的将领来平息战火，家境贫困就希望有个贤惠善良的妻子来料理家事。池塘里蓄满水是为了防止干旱，田地要深耕细作是为了满足养家糊口的需要。树根扎得深就不怕大风摇动，树干长得直就不会担心月下树影倾斜。

奉劝君子，各宜守己，只此程式[1]，万无一失。

【注释】

①程式：指《增广贤文》里提到的各种行为准则。

【译文】

奉劝天下的君子们，做事都要安分守己。要是能按照这些准则做事，就可以保证你万无一失，一生平安。

格言联璧

学问类

本章主要讲的是读书与修身。作者认为高尚品行的养成，要靠用心读书。学习圣贤经典，可以提升个人道德品质，培养高尚的气节，使人拥有担当天下的广阔胸怀和强烈的责任感。修身需要时刻保持谦虚谨慎的态度，处事要圆融通达，不可过于偏激。读书求理时要虚心认真，静下心来，循序渐进，坚持不懈，这样才能有所收获。

古今来许多世家[1]，无非积德。天地间第一人品，还是读书。

【注释】

①世家：封建社会中门第高、世代做大官的人家。

【译文】

古往今来许许多多的世代显贵的家族，无一不是积累德行造就的。天地之间堪称第一等的人品，终究要由读书来培养。

读书即未成名，究竟[1]人高品雅；修德不期[2]获报，自然梦稳心安。

【注释】

①究竟：毕竟，到底。②不期：不要求，不期待。

【译文】

刻苦读书，即使功名未就，最终也会使人人品高雅、气度不凡；修养德行、乐于助人，但不期待得到他人的回报，自然能够睡得踏实，内心安宁。

为善最乐，读书便[1]佳。

【注释】

①便：就。

【译文】

如果一个人将做善事当成人生中最快乐的事，那么他读书就一定能读得很好。

诸君到此何为，岂徒学问文章，擅①一艺微长，便算读书种子②；在我所求亦恕③，不过子臣弟友，尽五伦④本分⑤，共成名教⑥中人。

【注释】

①擅：擅长，善于。②读书种子：读书人，能读书、做学问的人。指在文化上能承先启后的读书人。③恕：以自己的心推想别人的心。④五伦：古人所谓君臣、父子、兄弟、夫妇、朋友五种人伦关系，也称五常。伦，人伦，就是人与人之间的道德关系。⑤本分：本身应尽的责任和义务。⑥名教：以儒家所定的名位与身份和儒家的教训为准则的道德观念，曾在思想上起过维护封建统治的作用。

【译文】

各位到这里来是为了什么呢？难道仅仅是为了做学问和写文章吗？擅长一门微不足道的技艺，便可算得上是能做学问的读书人吗？我所追求的是以自己的心去推想别人的心，不过就是为子为臣为弟为友，尽到一个人在君臣、父子、兄弟、夫妇、朋友这五种人伦关系中的责任和义务，和各位共同成为恪守礼教的正人君子。

聪明用于正路，愈聪明愈好，而文学功名益成其美；聪明用于邪路，愈聪明愈谬①，而文学功名适②济③其奸。

【注释】

①谬：错误。②适：恰好。③济：助长。

【译文】

人的聪明才智用在正道上，越聪明越好，而学识和名声会增进他的美德；人的聪明才智用在邪路上，则越聪明越糟糕，而学识和名声恰恰能助长他的邪恶。

战虽有阵[1]，而勇为本。丧虽有礼，而哀为本。士虽有学，而行为本。

【注释】

①阵：战阵，指军队作战时的战斗队形。

【译文】

作战时虽然要保持一定的阵形，但勇猛才是最根本的。操办丧事虽然要讲究礼数周全，但哀伤才是最根本的。读书人虽然要有学问，但品行才是最根本的。

飘风[1]不可以调宫商[2]，巧妇[3]不可以主中馈[4]，文章之士不可以治国家。

【注释】

①飘风：指回旋不定的风。②宫商：代指宫、商、角、徵、羽五音，此处泛指音律。③巧妇：做事投机取巧的妇人。④中馈：原指家中饮食之事，此处指家中的各项事务。

【译文】

回旋不定的风不是季节更替时的正风，所以不可以用来调定音律；做事投机取巧的妇人不可以让她管理家中的各项事务；只会做文章的读书人不可以委以治理国家的重任。

经济①出自学问，经济方有本源。心性②见之事功③，心性方为圆满。舍事功更无学问，求性道不外文章。

【注释】

①经济：经世济民，即治理国家，救助百姓。②心性：心志，性情。此处指修炼心志和性情。③事功：建功立业。

【译文】

经世济民之道只有出自于广博的学问，它才有不竭的源泉和根本。修炼心性之道体现在建功立业上，只有如此修炼心性才算得上圆满。除了建功立业的学问之外，世上再没有其他真正的学问了，要寻求修炼心性的方法，不外乎要到圣贤的文章中去寻找。

何谓至行①，曰庸行②；何谓大人③，曰小心；何以上达④，曰下学；何以远到，曰近思。

【注释】

①至行：卓越的品行。②庸行：普通的日常行为。③大人：德行高尚、志趣高远的人。④上达：上进，向上发展。

【译文】

什么叫作卓越的品行呢？即做好日常的琐碎之事；什么人能称为德行高尚的人呢？是那些行事小心谨慎的人；怎样才能向上发展，使自己不断上进呢？唯有做到不耻下问，虚心向他人学习；如何才能实现远大的抱负的？即对当前的问题进行深思熟虑。

竭忠尽孝，谓之人。治国经①邦，谓之学。安危定变，谓之才。经天纬地，谓之文。霁月光风②，谓之度③。万物一体，谓之仁。

【注释】

①经：治理。②霁月光风：形容雨过天晴时风清月明的景象。也比喻开阔的胸襟和坦白的心地。霁月，雨后的明月。霁，雨雪停止。光风，雨后初晴时的风。③度：指风度。

【译文】

能做到竭忠尽孝，才能称为人。能够治国安邦，才可以称为有学问。能稳定危局、平定叛乱，才可以称为有才干。写文章时能规划天地，包罗万象，才可以称为有文采。内心像雨后明月一样皎洁，行为举止像雨后清风一样空灵坦荡，才可以称为有风度。让自己与世间万物融为一体，时刻以自己的心去体察世间万物，才可以称得上有仁心。

传统文化小知识

五服

五服指五种丧服。古代社会的葬礼中，与死者亲疏程度不同的人要穿不同的丧服，以示区别。具体分为五种，从重到轻依次是：斩衰，齐衰，大功，小功，缌麻。亲属关系越近，其丧服越粗糙。大体上，古代丧服的服制都以《仪礼·丧服》为准则，历代遵行，只是小有变通。不同的丧服所穿的时间长短也不同。

以心术为本根，以伦理[①]为桢干[②]，以学问为菑畬[③]，以文章为花萼[④]，以事业为结实，以书史为园林，以歌咏为鼓吹，以义理为膏粱[⑤]，以著述为文绣[⑥]，以诵读为耕耘，以记问为居积[⑦]，以前言往行为师友，以忠信笃敬为修持，以作善降祥为受用，以乐天知命[⑧]为依归[⑨]。

【注释】

①伦理：事物的条理。②桢干：古代筑墙时所用的木柱，竖在两端的叫“桢”，竖在两旁的叫“干”。此处指树木的枝干。③菑畬（zī yú）：此处泛指田地。菑，新开垦的田地。畬，开垦了两年以上的田地。④花萼：花的组成部分之一，由若干萼片组成，包在花瓣外面，花开时托着花冠，简称萼。此处泛指花朵。⑤膏粱：肥肉和细粮，泛指精美的食物。⑥文绣：刺绣华美的丝织品或衣服。⑦居积：囤积，积累。⑧乐天知命：旧谓乐从天道的安排，顺应命运。现引申为安于现状，乐守本分。⑨依归：目的，宗旨。

【译文】

把正直的内心当作根，把各种事物的条理当作枝干，把学问知识当作良田，把文章当作花朵，把事业当作果实，把历代佳作和古今史事当作园林，把歌唱、吟咏圣贤的作品当作演奏乐曲，把儒家的经书学问当作精美的食物，把著作文章当作华美的衣服，把诵读诗文当作耕种田地，把记述和求教当作积累，把前代圣贤的言行当作良师益友，把忠诚守信、敦厚恭敬当作自己修身的标准，把做善事获得上天降下的吉祥当作享受，把乐天知命当作人生的宗旨。

凛[①]闲居以体独[②]，卜[③]动念以知几[④]，谨威仪以定命，敦[⑤]大伦以凝道[⑥]，备百行以考德，迁善改过以作圣。

【注释】

①凛：严厉，严肃。②体独：即“慎独”，是古人的一种修养方法，指人在独处时谨慎不苟，不做任何有违道德、行为准则的事。③卜：预料，推测，估计。④几（jī）：事物的端倪，苗头、预兆。⑤敦：推崇，遵守。⑥凝道：聚集真理于一身，即成为贤者。凝，聚集，集中。

【译文】

一个人闲居独处时，应严肃实行先贤慎独的教诲，应预知每一个心思动念，以便发现事物发生变化时的端倪，要严肃谨慎地对待自己的气质和仪表，以便更好地掌握自己的命运，严格遵守伦理道德使自己成为贤者，努力完善自己的各种品行，以便成就自己的德行操守，心中向善并改正自己的过错，以便使自己成为圣贤。

收吾本心[①]在腔子里，是圣贤第一等学问；尽吾本分[②]在素位[③]中，是圣贤第一等工夫。

【注释】

①本心：天性，天良，良心。②本分：自己应尽的责任和义务。③素位：自己当下所处的地位。

【译文】

把良心放在自己胸中，这就是圣贤最高的学问；在自己所处的位置上尽到自己的责任和义务，这就是圣贤最高的功夫。

万理澄澈①，则一心愈精而愈谨；一心凝聚，则万理愈通而愈流。

【注释】

①澄澈：清澈透明。

【译文】

如果世间万物的道理都弄明白透彻了，那么整个心思就会更加精细和严谨；如果整个心思都能够专注，那么世间万物的道理就会更加通达流畅。

宇宙内事，乃己分内事；己分内事，乃宇宙内事。

【译文】

将宇宙内各种各样的事视为自己分内的事；那自己分内的事，也就是宇宙内各种各样的事。

身在天地后，心在天地前；身在万物中，心在万物上。

【译文】

身体虽然产生在天地之后，但心中的想法却已经到达了天地产生之前；身体虽然处在世间万物之中，而心中的思考却已经到达了天地万物之上。

观天地生物气象①，学圣贤克己工夫。下手处是自强不息，成就处是至诚[2]无息[3]。

【注释】

①气象：境界，景象。②至诚：指道德修养的最高境界。③无息：不间断。

【译文】

观察天地万物的自然景象，学习圣贤克己修身养性的功夫。行动上就是要身体力行，奋斗不止，达到道德修养的最高境界后仍坚持不懈，才能实现最终的目的。

以圣贤之道教人易，以圣贤之道治己难。以圣贤之道出口易，以圣贤之道躬行难。以圣贤之道奋始易，以圣贤之道克终难。圣贤学问是一套，行王道必本天德[1]；后世学问是两截，不修己只管治人。

【注释】

①天德：指天的德行。

【译文】

用圣贤的道理教导别人很容易，但是用圣贤的道理管理自己却是很难的事。将圣贤的道理讲出来很容易，但是自己亲自践行圣贤的道理却是很难的事。践行圣贤的道理开始时很容易，但将圣贤的道理坚持到底却很难。圣贤的道理是一套完整的学问，想要推行王道必须以天的德行为根本；后世的学问却将这套完整的学问分成了两部分，不修持自己的德行而只顾着治理别人。

口里伊周[1]，心中盗跖[2]，责人而不责己，名为挂榜圣贤；独凛明旦[3]，幽[4]畏鬼神，知人而复知天，方是有根学问。

【注释】

①伊周：指商朝的伊尹和周朝的周公，两人都是贤臣，也都曾摄政，后常并称。此处指高尚的德行。②盗跖（zhí）：传说中春秋末期的盗贼首领，后专指强盗。③明旦：天亮，指白天。④幽：阴暗，光线暗，此处指晚上。

【译文】

嘴里讲着伊尹和周公这些圣贤的高尚德行，内心却像盗跖那样充满邪念，只责怪他人而从不责备自己，这种人就被称为“挂榜圣贤”；白天独处时能够严肃律己，晚上能敬畏鬼神，懂得人情世故更加明白天理，这才是有根底的学问。

无根本底[1]气节，如酒汉殴人，醉时勇，醒来退消，无分毫气力；无学问底识见，如庖人炀灶[2]，面前明，背后左右，无一些照顾。

【注释】

①底：同“的”。②庖人炀（yáng）灶：厨师面对着炉灶。庖人，厨师。炀，烘烤。灶，炉灶。

【译文】

没有根本的气节，就好像醉汉打人，酒醉时很勇敢，酒醒后勇气全消退了，没有一点儿气力；没有以学问为根本的见识，就好像厨师在炉灶前面烘烤食物，只看见面前光亮而背后左右却没有照顾到。

理以心得为精，故当沉潜[1]，不然，耳边口头也；事以典故为据，故当博洽[2]，不然，臆说[3]杜撰[4]也。

【注释】

①沉潜：集中精神，潜心，专注。②博洽：广博周遍。③臆说：主观地毫无根据地叙说。④杜撰：没有根据地编造，虚构。

【译文】

道理要用心体会领悟才能理解得精确得当，所以应当潜心体会，不然就成了口头耳边的小事，过后就忘了；事理要以典故为依据，因此必须学识广博周遍，否则就成了随意推测和胡编乱造了。

只有一毫粗疏处，便认理不真，所以说惟精，不然，众论淆之而必疑；只有一毫二三心，便守理不定，所以说惟一，不然，利害临之而必变。

传统文化小知识

慎独

“慎独”，是儒家提倡的一种重要的修身方法，语出《礼记·中庸》：“莫见乎隐，莫显乎微，故君子慎其独也。”其基本含义就是人在不为他人所察知的情况下，或在自己独处的时候更能遵守道德，谨慎不苟，这才是真正的君子所为。

【译文】

即使只有一丝一毫疏忽大意的地方，就不能准确地认识事理，所以说一定要精益求精，如若不然，在众说纷纭的混乱局面下必然会犹疑不决；哪怕只存在一丁点儿三心二意的杂念，便不能坚守事理，所以说必须要坚定专一，不然的话，在利害面前必定会经不起考验而改变初衷。

接人要和中有介①，处事要精中有果，认理要正中有通。

【注释】

①介：耿直，有骨气。

【译文】

对待他人要平和而耿直，处理事情要周密而果断，认识道理要严正而通达。

在古人之后，议古人之失，则易；处古人之位，为古人之事，则难。

【译文】

生于古人之后而议论古人的缺点失误很容易；然而，如果自己处在古人的位置上，去做古人所做的事就会发现很难。

古之学者，得一善言，附于其身；今之学者，得一善言，务①以悦人。

【注释】

①务：必须，一定。

【译文】

古时候的学者得到一句有益的话，就会放在自己身上去实践；而现在的学者得到一句有益的话，就必定用它来取悦别人。

古之君子，病[①]其无能也，学之；今之君子，耻其无能也，讳[②]之。

【注释】

①病：担忧，担心。②讳：回避，忌讳，有顾忌不敢说或不愿说。

【译文】

古代的君子，因自己才学不高而担忧被他人耻笑，就发奋学习，迎头赶上；现在的君子，因为自己才学不高而羞愧，就隐瞒短处，避忌批评。

眼界要阔，遍历名山大川；度量要宏，熟读五经[①]诸史。

【注释】

①五经：儒家典籍《周易》《尚书》《诗经》《礼记》《春秋》的合称。

【译文】

要想眼界开阔，就要广泛游历各地的名山大川；要想度量宏大，必须得熟读儒家经典和历代史书。

先读经，后读史，则论事不谬于圣贤；既读史，复读经，则观书不徒①为章句②。

【注释】

①徒：只，仅仅。②章句：古诗文的章节和句子。

【译文】

先读经书后读史籍，以经论史，评论古人史事，就不会与圣贤的观点相违背；已经研读了史籍，再来读经书，以史证经，读书目的就会升华，就不会仅仅停留在章节和句子的层面上了。

读经传则根底厚，看史鉴则议论伟，观云物①则眼界宽，去嗜欲②则胸怀净。

【注释】

①云物：景物，景色。②嗜欲：嗜好、欲望。

【译文】

读圣贤的经书传注，才能为治学打下坚实的基础，看史籍评议，才会让议论精辟奇伟，游山川，观壮景，能使眼界开阔，戒除不良嗜好，弃私欲，能使人胸怀磊落一尘不染。

一庭之内，自有至乐；六经①以外，别无奇书。

【注释】

①六经：指《诗经》《尚书》《礼记》《周易》《乐经》《春秋》这六部儒家经典著作的合称。

【译文】

家中的庭院之内，总会有些事物带给人极大的快乐；而在儒家的六经之外，却没有什么奇特的值得称赞的书了。

读未见书，如得良友；见已读书，如逢故人。

【译文】

阅读没有看过的书，就好像结识了益友；重读已看过的书，就好像遇到了老朋友。

何思何虑，居心当如止水；勿助勿忘①，为学当如流水。

【注释】

①勿助勿忘：指学习既不要拔苗助长，过于求成，也不要不求上进，荒废学业。助，增加。

【译文】

何必过多地思考和忧虑呢？心境应当像止水一般平静；既不要拔苗助长，过于求成，也不要不求上进，荒废学业，学习应当如流水一般持续不断。

心不欲杂，杂则神荡而不收；心不欲劳，劳则神疲而不入。

【译文】

心不能杂乱，内心杂乱就会心神恍惚而不能集中精力；心不要劳累，内心劳累就会精神疲倦而不能有所收获。

心慎杂欲，则有余灵；目慎杂观，则有余明。

【译文】

内心慎防杂念，使心思保持专一，思维才会更加机敏；眼睛慎防到处乱看，从而得到休息，如此目光才更加敏锐。

案上不可多书，心中不可少书；鱼离水则鳞枯，心离书则神索①。

【注释】

①索：尽，无。

【译文】

书桌上不能有太多的书，心中的书则不能太少；鱼离了水，鳞就会干枯，心中没有书，那精神就没了寄托。

志之所趋，无远勿届①，穷山距海不能限也；志之所向，无坚不入，锐兵精甲②不能御③也。

【注释】

①届：到。②锐兵精甲：代指强大的军队。锐兵，锋利的兵器，也指精锐的士卒。精甲，坚固的盔甲。③御：抵挡，抵御。

【译文】

只要追求远大的志向，就没有不能到达的地方，即使高山大海也不能阻挡；只要追求远大的志向，任何困难都无法阻挡，即使强大的军队也无法阻挡。

把意念沉潜得下，何理不可得；把志气奋发得起，何事不可做。

【译文】

只要将心思沉潜下来，没有什么事理不能够通达明白；只要把志气激发起来，没有什么事情不能够成功。

不虚心，便如以水沃①石，一毫不得进入；不开悟，便如胶柱鼓瑟②，一毫转动不得。

【注释】

①沃：灌溉，浇。②胶柱鼓瑟：比喻拘泥成规，不知灵活变通。柱，瑟上调节声音的短木。用胶把柱粘住以后柱不能移动，就无法调节音的高低。瑟，一种古乐器。

【译文】

求学不虚心，就好像用水浇石头一样，一点儿都进不去；对事理不用心领悟，就好像瑟的弦柱被胶粘住了一样，一点儿都动不得。

不体认①，便如电光照物，一毫把捉②不得；不躬行，便如水行得车，陆行得舟，一毫受用不得。

【注释】

①体认：指体察、认识。②把捉：执持，掌握。

【译文】

求学不用心去体察认识，就好像闪电照过万物，一点儿都没有掌握到；不能身体力行，就像走水路却要用车，走旱路却要乘船，一点儿用处都没有。

读书贵能疑，疑乃可以启信；读书在有渐，渐乃克底有成。

【译文】

读书贵在有怀疑的精神，有疑问方能引导人们了解真知；读书要循序渐进，能循序渐进才能坚持到底而有所成就。

看书求理，须令自家胸中点头；与人谈理，须令人家胸中点头。

【译文】

读书学习求取道理，应当得到自己内心的认可；和别人谈论道理，应当得到对方内心的认可。

爱惜精神，留他日担当宇宙；蹉跎[①]岁月，问何时报答君亲。

【注释】

①蹉跎：时间白白过去，光阴虚度。

【译文】

应当爱惜自己的精神，以备将来担当天下大任；如果虚度时光，试问何时才能报答君王和父母！

戒浩饮[①]，浩饮伤神。戒贪色，贪色灭神。戒厚味，厚味昏神。戒饱食，饱食闷神。戒多动，多动乱神。戒多言，多言损神。戒多忧，多忧郁神。戒多思，多思挠神。戒久睡，久睡倦神。戒久读，久读苦神。

【注释】

①浩饮：即豪饮，指酗酒。

【译文】

戒酗酒，酗酒损伤神志。戒好色，好色销蚀神志。戒美味，美味使人神志迟钝。戒吃得过饱，吃得过饱使人神志昏沉欲睡。戒多动，多动使人神志混乱。戒多话，多话损伤神志。戒多忧，多忧使人神志郁结。戒多思，思虑多使人神志扰乱不宁。戒久睡，久睡使人神志疲倦。戒久读，久读使人神志苦劳。

存养类

本章主要讲了修养心性的问题。作者认为人性本善，人们应好好保有上天赋予的善良本心，要细心养护上天赋予的善良本性。修养心性要做到努力发挥本心和本性，同时要努力克制各种情感和欲望。修养心性应持之以恒、坚持终身，在漫长的点滴积累中养成高尚的品格。最终使得自己达到内心宁静、胸怀宽广、严于律己、成熟稳重、待人和善、处事有方的境界。

性分[1]不可使不足，故其取数也宜多：曰穷理，曰尽性，曰达天，曰入神，曰致广大，极高明；情欲不可使有余，故其取数也宜少：曰谨言，曰慎行，曰约己，曰清心，曰节饮食，寡嗜欲。

【注释】

①性分：天性，本性。

【译文】

培养人的天性不可以不充分，所以要讲究的地方也会比较多，包括：穷极天下万物的道理，究尽世间万物的禀性，明了天地间的自然规律，专注于事物内在的神奇精妙，进而达到胸怀豁达、气象博大、眼光高远、思维明睿的境界；情感欲望不应该有太多，因此这方面应当减少些，包括：谨慎说话，持重办事，约束自身，清净内心，节制饮食，戒除不良嗜好和欲望。

大其心，容天下之物；虚其心，受天下之善；平其心，论天下之事；潜其心，观天下之理；定其心，应天下之变。

【译文】

使内心开阔，才能包容天下的万物；使内心谦虚，才能接受天下的真知美德；使内心平和，才能纵论天下的大事；使内心专注深沉，才能观览天下的学说哲理；使内心安定，才能应付天下的风云变幻。

清明以养吾之神，湛一①以养吾之虑，沉警以养吾之识，刚大以养吾之气，果断以养吾之才，凝重以养吾之度，宽裕以养吾之量，严冷②以养吾之操。

【注释】

①湛一：沉静专一。②严冷：严肃而冷峻。

【译文】

清净明澈，方能培养心神；沉静专一，方能培养思虑；沉稳机警，方能培养胆识；刚正宽宏，方能培养气度；果敢决断，方能培养才干；深沉庄重，方能培养风度；宽容豁达，方能培养度量；严正肃穆，方能培养操守。

自家有好处，要掩藏几分，这是涵育①以养深；别人不好处，要掩藏几分，这是浑厚以养大。

【注释】

①涵育：涵养化育。

【译文】

对自身的优点，要隐藏一些，这是用涵养化育来培养自己深沉的品格；对别人的缺点，要掩饰一些，这是通过为人朴实厚重来培养自己博大的胸怀。

以虚养心，以德养身；以仁养天下万物，以道养天下万世。

【译文】

用谦虚培养自己的内心，用道德品质约束自己的行为；用仁爱对待天下万物，用至理大道教诲世间万代。

涵养冲虚①，便是身世学问；省除烦恼，何等心性②安和！

【注释】

①冲虚：恬淡宁静。②心性：性情，性格。此处指内心。

【译文】

培养造就恬淡宁静的品格，便是修身处世的学问；丢弃无端的烦恼，心境是多么安静平和。

【读·品·悟】

古代人认为培养恬淡虚静的品格，视富贵、声名为身外之物，在幽雅的环境中过着宁静的生活，便是达人立身处世的道理。只要省除烦恼，心性就会获得不同寻常的安详平和，而这种内心的和谐平衡，正是心理养生的佳境。

颜子四勿①，要收入来，闲存工夫，制外以养中也；孟子四端②，要扩充去，格致③工夫，推近以暨远[4]也。

【注释】

①颜子四勿：即非礼勿视，非礼勿听，非礼勿言，非礼勿动。颜子，即颜回，孔子最得意的弟子，春秋时期鲁国人。②孟子四端：指仁、义、礼、智。③格致：即“格物致知”，考察事物的原理法则，进而总结为理性知识。④暨远：及远。暨，及。

【译文】

颜子的“四勿”要牢记在心里，下功夫闲静存诚，克服外部的干扰以修养自己的心性；孟子的“四端”要尽力扩展发扬，下功夫考察事物的原理法则，进而得到理性知识，由近及远，推己及人。

喜怒哀乐而曰未发，是从人心直溯[1]道心，要他存养[2]；未发而曰喜怒哀乐，是从道心指出人心，要他省察[3]。

【注释】

①溯：追求根源或回想。②存养：即存心养性，是保存本心、培养善性的一种修养方法。③省察：此处指反省检查自己。

【译文】

有喜怒哀乐之情却没有表现出来，这是从人的本心直接追溯到道德之心的结果，需要人们保存本心并继续修养；虽未表现出来但却怀有喜怒哀乐之情，这是根据道德之心指出人的内心中的缺欠，需要人们自我反省改正。

存养宜冲粹[1]，近春温；省察宜谨严，近秋肃。

【注释】

①冲粹：中和纯正。

【译文】

存心养性要中和纯正，如春天般舒缓温和；自察反省要谨慎严格，像秋天一样冷峻严肃。

就性情上理会[1]，则曰涵养。就念虑上提撕[2]，则曰省察。就气质上销熔[3]，则曰克治。

【注释】

①理会：关心，在意。②提撕：教导，提醒。③销熔：熔解，熔化。此处有改变、改善的意思。

【译文】

对性情上的问题关心在意，就是修身养性。对每一个念头注意提醒，就是反省检查。对气质要想有所改善，就要克制不适合的情感。

果决人似忙，心中常有余闲；因循[1]人似闲，心中常有余忙。

【注释】

①因循：此处指迟延拖拉。

【译文】

办事果断坚决的人看起来好像很忙碌，其实心中常有闲暇的时候；迟延拖拉的人看起来好像很闲适，其实心中常有忙乱的牵念。

寡欲故静，有主则虚。

【译文】

欲念少所以能心平气和，心中有主见才能为人谦虚。

无欲之谓圣，寡欲之谓贤，多欲之谓凡，徇欲[1]之谓狂。

【注释】

①徇欲：纵欲。徇，顺从，曲从。

【译文】

没有欲念的人可以被称为圣人，欲念少的人可以被称为贤人，欲念多的人可以被称为凡人，而纵欲的人可以被称为狂人。

人之心胸，多欲则窄，寡欲则宽。人之心境，多欲则忙，寡欲则闲。人之心术，多欲则险，寡欲则平。人之心事，多欲则忧，寡欲则乐。人之心气[1]，多欲则馁[2]，寡欲则刚。

【注释】

①心气：此处指人的精神状态。②馁：气馁，泄气，丧气。

【译文】

人的心胸，欲念多则狭窄，欲念少则宽广。人的心境，欲念多则忙乱，欲念少则悠闲。人的心术，欲念多则险恶，欲念少则平和。人的心情，欲念多则忧愁，欲念少则快乐。人的精神状态，欲念多则灰心丧气，欲念少则果敢刚强。

宜静默，宜从容，宜谨严，宜俭约，四者切己①良箴②。忌多欲，忌妄动，忌坐驰③，忌旁骛④，四者切己大病。常操常存，得一恒字诀；勿忘勿助，得一渐字诀。

【注释】

①切己：和自己有密切关系。②箴：劝诫之言。③坐驰：身体虽无举动，心中却杂念不息。④旁骛：在正业以外有所追求，不专心。旁，另外的。骛，追求。

【译文】

应当安静沉默、从容不迫、谨慎严肃、俭朴节约，这四者都是与自身密切相关的良言。切忌欲念多、妄动、杂念不息、精力不集中，这四者都

传统文化小知识

六艺

六艺即礼、乐、射、御、书、数，是中国古代教育中要求学生掌握的六种基本的才能。“六艺”的提法最早见于《周礼·保氏》：“养国子以道，乃教之六艺：一曰五礼，二曰六乐，三曰五射，四曰五驭，五曰六书，六曰九数。”礼，即礼节；乐，即音乐；射，即射箭；御，即驾驭马车；书，包括识字和书法；数，即算术。

是与自身密切相关的重大毛病。长久地坚持这些好的修养，能体会到恒字的秘诀；而在坚持的过程中，既不能懈怠也不要冒进，如此则能体会到渐字的秘诀。

敬守此心，则心定；敛抑其气，则气平。

【注释】

①敛抑：收敛，抑制。

【译文】

恭敬谨慎地坚守自己的本心，就会心灵安定；收敛抑制浮躁之气，就会心平气和。

人性中不曾缺一物，人性上不可添一物。

【译文】

人的本性中本来就不曾缺少什么东西，因此人的本性中也就不能再添加任何东西。

君子之心不胜其小，而气量涵盖一世①；小人之心不胜其大，而志意拘守一隅②。

【注释】

①一世：举世，全天下。②一隅：指一个角落，有狭小的意思。

【译文】

君子的心思可以很小，但气量宏大到能涵盖世间一切；而小人的心思可以很大，但思想境界却非常狭隘。

怒是猛虎，欲是深渊。

【译文】

愤怒如猛虎会伤人，欲念似深渊难填。

忿如火，不遏则燎原；欲如水，不遏则滔天。

【译文】

愤怒就像烈火，不阻止就会形成燎原之势；欲望好比洪水，不阻挡就会泛滥滔天。

惩忿如摧山，窒欲如填壑；惩忿如救火，窒欲如防水。

【译文】

控制愤怒的情绪如同摧毁山峦般坚毅，遏制欲望如同填平沟壑一样有毅力；控制愤怒应该像救火一样迅疾，压制欲望则像防洪一样果断。

心一松散，万事不可收拾。心一疏忽，万事不入耳目。心一执着，万事不得自然。

【译文】

如果心一旦松懈，那么任何事都做不好。如果心一旦粗疏，那么什么事都注意不到。如果心一旦固执，做什么事都会受到干预而不能自然发展。

一念疏忽，是错起头；一念决裂，是错到底。

【译文】

思想上一点儿小的疏忽，就是错误的开始；而思想上的重大失误，便是错误到底。

古之学者，在心上做工夫，故发之容貌，则为盛德之符；今之学者，在容貌上做工夫，故反之于心，则为实德之病。

【译文】

古代的学者，在内心涵养上下功夫，所以会表现在容貌仪表上，这便是德行高尚的标志；今天的学者，只在容貌仪表上下功夫，所以反观他们的内心修养，这就是他们实际德行上的缺陷。

处逆境心，须用开拓法；处顺境心，要用收敛法。

【译文】

当处于逆境时的心态，要用开拓纾解自己的方法；当处于顺境时的心态，则要用收敛约束自身的方法。

世路风霜，吾人炼心之境也。民情冷暖，吾人忍性之地也。世事颠倒①，吾人修行之资也。

【注释】

①颠倒：命运不佳。

【译文】

世间风霜雨雪的艰险，是我们锤炼思想的环境。世俗的人情冷暖，是我们克制性情的时机。世事是非颠倒，是我们修身养性的凭借。

青天白日的节义，自暗室屋漏[1]中培来；旋乾转坤的经纶[2]，自临深履薄[3]处得力。

【注释】

①暗室屋漏：指室内幽深之处，别人看不见的地方。②经纶：借指治理国家的抱负与才干。③临深履薄：面临深渊，脚踩薄冰。比喻面临危险境地时小心谨慎，唯恐有失。深，深渊。履，踩踏。薄，薄冰。

【译文】

清明彪炳人所共见的节操道义，是在别人看不见的地方独居时修身励志，培养出来的；旋转乾坤的治国韬略，是在临深渊履薄冰般的谨慎戒惧中造就的。

名誉自屈辱中彰，德量自隐忍中大。

【译文】

名望和声誉是在屈辱中得到彰显的，德行和度量是在克制隐忍时得到发扬扩大的。

谦退是保身第一法，安详是处事第一法，涵容[1]是待人第一法，洒脱是养心第一法。

【注释】

①涵容：包涵，宽容。

【译文】

谦逊退让是保全自身的首要方法，从容稳重是立身处世的首要方法，包涵容忍是屈己待人的首要方法，洒脱不拘是修身养性的首要方法。

喜来时，一检点[①]。怒来时，一检点。怠惰时，一检点。放肆时，一检点。

【注释】

①检点：言行谨慎。

【译文】

沾沾自喜时，应该谨慎对待自己的言行。怒不可遏时，应该注意自己的举止。怠倦懒惰时，应该反思自己的作为。放纵任性时，应该控制好自己的内心。

自处超然，处人蔼然；无事澄然，有事斩然[①]；得意淡然，失意泰然[②]。

【注释】

①斩然：果断，干脆。②泰然：安然，不以为意，形容心神安定。

【译文】

独处时要超然脱俗，与别人共处时要和气友善；没有事情时要心无杂念、享受闲适，有了事情需要处理时应该果断干脆；心满意足时要显出淡泊，失望不得志时要心神安定。

静能制动，沉能制浮，宽能制褊[①]，缓能制急。

【注释】

①褊（biǎn）：狭小，狭隘。

【译文】

安静能够克制躁动，沉稳能够克制浮躁，宽宏大量能够克服心胸狭隘，平缓能够克制急躁。

天地间真滋味，惟静者能尝得出；天地间真机括[①]，惟静者能看得透。

【注释】

①机括：弩上发矢的机件。比喻治事的权柄或事物的关键。

【译文】

天地间万事万物的真正奥秘，只有内心平静的人才能体味出来；天地间万事万物的真正关键，只有内心平静的人才能看得透彻。

有才而性缓，定属大才；有智而气和，斯为大智。

【译文】

有才能并且性情舒缓，这样的人一定是有大才华的人；有智慧并且心气平和，这样的人就是有大智慧的人。

气忌盛，心忌满，才忌露。

【译文】

脾气切忌过盛，心志切忌满足，才情切忌炫耀。

有作用[①]者，器宇[②]定是不凡；有智慧者，才情[③]决然不露。

【注释】

①作用：作为。②器宇：度量，胸怀，气概。③才情：才思，才华。

【译文】

有作为的人，其度量胸怀肯定是与众不同的；有智慧的人，其才华必定不会公开显露。

意粗性躁，一事无成；心平气和，千祥骈集[①]。

【注释】

①骈集：凑集，不断地聚积。

传统文化小知识

避席

避席是古代的一种表示尊敬的行为，古时没有椅子，人们席地而坐，在需要的时刻离开席子站立一边，也就是避席。《孝经》中记载了曾子在听到孔子提问后即避席而立的故事，该故事广为传诵，被引为美谈。当今通常的离座起立以表敬意的礼节就是古代避席之礼的转化。

【译文】

心意粗疏、性情暴躁的人，必将一事无成；内心平静、性情和顺的人，许多好事都会接连不断地聚集到他身上。

世俗烦恼处，要耐得下。世事纷扰处，要闲得下。胸怀牵缠处，要割得下。境地浓艳处，要淡得下。意气忿怒处，要降得下。

【译文】

面对世间尘俗的烦恼，一定要忍耐得住。身处纷扰的世间琐事之中，要让心思安闲下来。心中若有牵挂的事，要能割舍得下。身处美色之中，要淡然处之。心怀愤怒之时，要能抑制住情绪。

以和气迎人，则乖沴①灭。以正气接物，则妖氛②消。以浩气临事，则疑畏释。以静气养身，则梦寐恬。

【注释】

①乖沴（lì）：不和之气，邪气。②妖氛：不祥的云气，多喻指凶灾、祸乱。

【译文】

以和顺之气待人，就不会有不和睦、不顺心的事情发生。以公正之气对待事物，一切不祥之事都会消失。以浩然之气处理事情，疑虑、畏惧就会释然而解。以宁静之气修养身心，可以令睡梦安恬。

观操存[1]，在厉害时。观精力，在饥疲时。观度量，在喜怒时。观镇定，在震惊时。

【注释】

①操存：指操守、心志。

【译文】

观察一个人的操守如何，要在他身处危难的时候。考量一个人的精力好坏，要在他饥饿疲倦的时候。评价一个人的度量大小，要在他高兴或是愤怒的时候。判断一个人的沉着与否，要在他感到震动惊惧的时候。

大事难事看担当，逆境顺境看襟度[1]，临喜临怒看涵养[2]，群行群止看识见[3]。

【注释】

①襟度：胸襟，胸怀度量。②涵养：修养。③识见：见解，见识。

【译文】

面临大事与难事时，可以看出一个人是否敢于承担责任；身处逆境或顺境时，可以看出一个人的胸襟气度；遇到高兴或者愤怒的事情，可以看出一个人的修养；与大家在一起相处，可看出一个人的见识。

轻当矫之以重，浮当矫之以实，褊当矫之以宽，执当矫之以圆，傲当矫之以谦，奢当矫之以俭，忍当矫之以慈，贪当矫之以廉，私当矫之以公。放言当矫之以缄默，好动当矫之以镇静，粗率当矫之以细密，躁急当矫之以和缓，怠惰当矫之以精勤，刚暴当矫之以温柔，浅露当矫之以沉潜，溪刻[1]当矫之以浑厚[2]。

【注释】

①溪刻：刻薄，苛刻。②浑厚：淳朴，敦厚。

【译文】

轻佻应以稳重矫正，浮躁应以踏实矫正，狭隘应以宽宏矫正，固执应以圆融矫正，傲慢应以谦虚矫正，奢侈应以节俭矫正，残忍应以仁慈矫正，贪心应以廉洁矫正，自私应以公心矫正。言语放纵应以沉默少言矫正，好动不安应以稳重平静矫正，粗心大意应以心思细密矫正，躁动急切应以和顺舒缓矫正，懈怠懒惰应以勤勉专心矫正，刚强暴戾应以温和柔顺矫正，浅薄直率应以沉静潜心矫正，刻薄苛刻应以朴实敦厚矫正。

持躬类

本章主要讲的是律己修身的具体方法，既针对个人讲了如何严格约束自己，又针对家庭讲了如何管理家庭事务。编者认为，严格约束自己是在享受生活时要预见到将会面对的逆境，承受生活逆境时坚信会迎来顺境，这也是修养身心时所追求的一种境界。应对外物时，应当树立高尚的道德节操，时刻小心谨慎，处处宽和待人。

聪明睿知[1]，守[2]之以愚。功被天下，守之以让。勇力振世，守之以怯。富有四海，守之以谦。

【注释】

①知：通“智”，智慧。②守：保持。

【译文】

聪明智慧的人，要保持敦厚拙朴的态度，不可锋芒毕露。功高盖世的人，要保持谦虚礼让的态度，不可居功自傲。勇猛无敌的人，要保持着小心谨慎的态度，不可无所忌惮。极其富有的人，要保持着谦虚不自满的态度，不可张狂放肆。

不与居积人争富，不与进取[1]人争贵，不与矜饰[2]人争名，不与年少人争英俊，不与是非人争是非。

【注释】

①进取：追求、求取官职。②矜饰：即自夸、粉饰自我。

【译文】

不和囤积钱财的人争较财富的多少，不和求取官职的人争较地位的高下，不和骄傲自夸的人争较名声的大小，不和年轻力壮的人争较仪容风度，不和搬弄是非的人争较事情的对错。

富贵，怨之府[1]也。才能，身之灾也。声名，谤之媒[2]也。欢乐，悲之渐也。

【注释】

①府：保存文书或财务的地方，此处引申为根源的意思。②媒：使双方发生关系的人或事物。

【译文】

荣华富贵，往往成为怨恨产生的根源。才华能力，常常就是给自己招致灾祸的根由。名望声誉，往往成为引来他人毁谤的媒介。欢欣快乐，常常就是走向悲凉的开始。

浓于声色，生虚怯病。浓于货利，生贪饕①病。浓于功业，生造作病。浓于名誉，生矫激②病。

【注释】

①饕（tāo）：贪财，贪食。②矫激：矫情偏激，违逆常情。

【译文】

迷恋歌舞女色的心太浓重了，就会产生心虚胆怯的毛病。追求钱财利益的心太浓重了，就会生出贪得无厌的毛病。热衷功名成就的心太浓重了，就会生出矫揉造作的毛病。追求声誉名望的心太浓重了，就会生出言行矫情偏激的毛病。

想自己身心，到后日置之何处；顾本来面目，在古时像个甚人。

【译文】

揣摩自己的身体和内心，于百年后，将被后人安放在什么位置上？省察自己的真实面目，在历史上，和哪一位古代人物相似？

莫轻视此身，三才[①]在此六尺[②]；莫轻视此生，千古在此一日。

【注释】

①三才：指天、地、人。②六尺：指成年男子的平均身高，相当于现在的一米七左右，此处代指身躯。

【译文】

不要轻视自己的身体，要知道天、地、人的精华都藏在这六尺身躯之中；不要轻视自己的生命，要知道流传千古的功业都是从现在做起。

醉酒饱肉，浪笔恣谈，却不错过了一日；妄动胡言，昧理纵欲，讵[①]不作孽了一日。

【注释】

①讵：怎，岂。

【译文】

醉酒不节制，饱食荤肉，放纵笔墨，恣意闲谈，这样做不就是白白地浪费了一天的大好时光吗？轻举妄动，胡言乱语，违背天理，放纵私欲，这样做岂不是糟蹋了宝贵的一天吗？

不让古人，是谓有志；不让今人，是谓无量。

【译文】

敢于在古人的成就面前一争高低，这是有志气；而在今人的成绩面前争高低强弱，这是没有气量。

一能胜千，君子不可无此小心；吾何畏彼，丈夫不可无此大志。

【译文】

一个人的力量有时可能超过千百人的力量，作为君子不能掉以轻心；我何须畏惧他人，作为大丈夫不能没有这种志向。

怪小人之颠倒①豪杰，不知惟颠倒方为小人。惜君子之受世折磨，不知惟折磨乃见君子。

【注释】

①颠倒：控制，迫害。

【译文】

人们常常责怪小人迫害英雄豪杰之士，其实人们不知道正是因为迫害了别人，他们才成为小人。人们常常怜惜君子遭受艰难困苦的折磨，其实人们不知道只有在艰难困苦中才能磨炼出真正的君子。

传统文化小知识

祭孔大典

祭孔大典指祭祀孔子的仪式。古代的许多孔庙都举行祭孔仪式，最正规的是曲阜孔庙的祭孔。祭孔开始于春秋时期，历代不绝。祭孔活动大体上可分为两类，一类是孔子后裔进行的“家祭”，另一类是皇帝专门指定大臣、地方官或亲至阙里孔庙进行的“国祭”。

经一番折磨，长一番见识。容一番横逆，增一番器度。省一分经营，多一分道义。学一分退让，讨一分便宜。去一分奢侈，少一分罪过。加一分体贴①，知一分物情②。

【注释】

①体贴：细心体会。②物情：物理人情，即世事人情。

【译文】

人只有多经历一番挫折磨难，才能增长一番见识。多经历一番逆境磨难，才能增加一分度量。少一分利益的经营，就会多一分道义。学会一分退让，可讨得一分方便。去掉一分奢侈享受，则能减少一分罪过。对世事多一分细心体会，就会多了解一分世事人情。

不自重者取辱，不自畏者招祸，不自满者受益，不自是者博闻。

【译文】

不自重自爱的人常常会自取其辱，没有畏惧心的人经常会给自己招致灾祸，不自满的人才能受益良多，不自以为是的人才能够见多识广。

有真才者，必不矜①才；有实学者，必不夸学。

【注释】

①矜：自夸自大。

【译文】

真正有才能的人，必定不会因自己的才能而自大；真正有学问的人，也必定不会因此而向别人夸耀自己。

盖世功劳，当不得一个矜字；弥天罪恶，最难得一个悔字。

【译文】

即使有盖世之功，最要不得的是居功自傲，傲慢自大；纵然有滔天的罪恶，最难得的是有悔过之心并认识到自己的错误。

诿①罪掠功②，此小人事。掩罪夸功，此众人事。让美归功③，此君子事。分怨共过，此盛德事。

【注释】

①诿：推脱，把责任推给别人。②掠：争夺，抢夺。③归功：将功劳归于某人或某一集体，此处指将功劳归于他人。

【译文】

推脱责任、争夺功劳，这是小人干的事。掩饰过错、夸耀功劳，这是普通人干的事。能将美名、功劳归于他人，这是君子的行为。能主动分担他人承受的埋怨和过错，这是德行高尚之人的作为。

毋毁众人之名，以成一己之善；毋役天下之理，以护一己之过。

【译文】

不要诋毁众人的名声，来成就自己的美名；不要借用天下间的所有事理，用来掩饰自己的过失。

大著肚皮容物，立定脚跟做人。实处著脚，稳处下手。

【译文】

敞开心胸容纳万物，站稳脚跟正直做人。在踏实的地方站立，从稳当之处着手做事。

读书有四个字最要紧，曰阙疑①好问；做人有四个字最要紧，曰务实耐久②。

【注释】

①阙疑：遇到疑惑，暂时存留疑惑，不作主观推测。②耐久：经久不变。

【译文】

读书有四个字是最重要的，就是“阙疑好问”；做人有四个字最重要，便是“务实耐久”。

事当快意处须转，言到快意时须住。

【译文】

处理事情在顺心得意时要有所收敛，与人谈话到高兴忘形时要适时停住。

物忌全胜，事忌全美，人忌全盛。

【译文】

事物的发展忌讳到达顶点，事情应避免做得极其完美，做人不宜一味进取不懂退让。

尽前行者地步窄，向后看者眼界宽。

【译文】

只知一味地向前走的人，他的路会越走越狭窄；懂得常常向后看的人，他的眼界会愈加广阔。

留有余不尽之巧，以还造化。留有余不尽之禄，以还朝廷。留有余不尽之财，以还百姓。留有余不尽之福，以贻子孙。

【译文】

将发挥不完的聪明才智，回报给自然命运。将使用不完的俸银禄米，回报给朝廷。将没有花完的钱财物品，回报给老百姓。将享用不尽的福气好运，留给子孙后代。

四海和平之福，只是随缘①；一生牵惹②之劳，总因好事。

【注释】

①随缘：顺应机缘，任其自然。②牵惹：牵连，牵挂。

【译文】

四海之内和平安定，这样的幸福只是顺其自然的缘故；一生牵挂忧愁，这样的劳苦都是因为喜欢参与别人的事情。

花繁柳密处拨得开，方见手段；风狂雨骤时立得定，才是脚跟。

【译文】

面对各种诱惑而能拒之于外，这才能体现一个人的本领；面对危难坎坷而能守得住节操，这才是意志坚定的表现。

步步占先者，必有人以挤之；事事争胜者，必有人以挫之。

【译文】

任何事都要争先的人，必定有人排挤他；任何事都要争胜的人，必定会有人挫败他。

能改过，则天地不怒；能安分，则鬼神无权。

【译文】

人如果能改过自新，那么天地都会转怒为喜；人如果能安分守己，那么鬼神对其也是无可奈何。

言行拟之古人，则德进。功名付之天命，则心闲。报应念及子孙，则事平。受享虑及疾病，则用俭。

【译文】

一言一行效法古代圣贤，德行就会长进。功名利禄听任天命安排，内心便会闲适安宁。考虑到因果报应会影响子孙后代的福祸，办事就会公平公正。考虑到享受过度会招来疾病，生活就会俭朴节省。

安莫安于知足，危莫危于多言，贵莫贵于无求，贱莫贱于多欲，乐莫乐于好善，苦莫苦于多贪，长莫长于博谋①，短莫短于自恃②，明莫明于体物③，暗莫暗于昧几④。

【注释】

①博谋：广泛地征求他人的意见。②自恃：过分自信而骄傲。③体物：体察、洞悉事物。④昧几：体察不到事物发展的苗头和迹象。昧，暗，不明。几，事物发展的苗头。

【译文】

人生最大的安逸就是知足乐和，最大的危险就是多言致祸，最为可贵的心态就是无欲无求，最为卑贱的心态就是贪欲过多，最大的快乐就是乐善好施，最大的痛苦就是贪图钱财，最大的长处就是广泛地听取他人的意见，最大的短处就是骄傲自大、听不进别人的劝诫，最大的聪明就是细致入微地体察、洞悉各种事物，最大的愚蠢就是体察不到事物发展的苗头和迹象。

能知足者，天不能贫。能忍辱者，天不能祸。能无求者，天不能贱。能外形骸①者，天不能病。

能不贪生者，天不能死。能随遇而安者，天不能困。能造就人材者，天不能孤。能以身任天下后世者，天不能绝。

【注释】

①外形骸：将身体形骸置之度外，指不过分地爱惜养护自己的身体。

【译文】

能够知足的人，上天不会让他陷于贫寒。能够忍受屈辱的人，上天不会让他遭受灾祸。能够无欲无求的人，上天不会让他沦于卑贱。能够不过分地爱惜养护自己身体的人，上天不会让他有疾病。能够不贪生怕死的人，上天不会让他死于灾祸。能够随遇而安的人，上天不会让他坎坷困顿。能够造就人才的人，上天不会让他孤苦无助。能够用自己的生命担当天下后世责任的人，上天不会让他后继无人。

天薄我以福，吾厚吾德以迓[①]之。天劳我以形，吾逸吾心以补之。天厄[②]我以遇，吾享吾道以通之。天苦我以境，吾乐吾神以畅之。

【注释】

①迓（yà）：迎接。②厄：使遭受困苦。

【译文】

上天安排我福分浅薄，我就提升自己的道德修养去迎接它。上天使我的身体劳顿，我就用自己内心的闲适去弥补它。上天安排我遭遇困苦阻碍，我就努力实现理想去打通它。上天安排我境况困苦，我就力求精神愉快地去疏导它。

吉凶祸福，是天主张。毁誉与夺，是人主张。立身行己，是我主张。

【译文】

人生的吉福与凶祸，是上天主宰的。人事的诋毁和称誉，是别人掌握的。自身的言行和道德，却是我自己能够决定的。

要得富贵福泽，天主张，由不得我；要做贤人君子，我主张，由不得天。

【译文】

想要得到富贵福泽，这要看天意，由不得自己；要想成为贤人君子，主要靠自已，由不得天意。

富以能施为德，贫以无求为德，贵以下人①为德，贱以忘势为德。

【注释】

①下人：居于人之下，对人谦让。

【译文】

富裕的人以舍得施舍穷人为美德，贫穷的人以无所奢求为美德，显贵的人以对人谦让为美德，低贱的人以不追求权势为美德。

护体面，不如重廉耻。求医药，不如养性情。立党羽，不如昭①信义。作威福，不如笃②至诚③。

多言说，不如慎隐微④。博名声，不如正心术。恣豪华，不如乐名教。广田宅，不如教义方⑤。

【注释】

①昭：使明显，显著。②笃：忠实。③至诚：极为诚恳。④慎隐微：指为人谨小慎微。⑤义方：行事应当遵守的规范和道理。

【译文】

与其爱护自己的面子，不如注重廉耻。与其求医用药，不如修养性情。与其结党营私，不如昭示信义。与其作威作福，不如诚恳笃实。与其过多地说话，不如谨小慎微。与其巧取声名，不如矫正自己的心态。与其恣意地奢侈享乐，不如从名教中自取其乐。与其广置田宅，不如学习做人的道理和规范。

行己恭，责躬厚，接众和，立心正，进道①勇，择友以求益，改过以全身。

【注释】

①进道：进修道业，指不断深入地修习圣贤之道。

【译文】

为人应当行为恭敬，待人宽厚，处事平和，心意正直，修习圣贤之道坚决而不动摇，选择良友以求有益于自己身心的提高，改正缺点以求自身修养的完满。

敬为千圣授受①真源，慎乃百年提撕②紧钥。

【注释】

①授受：给予和接受，引申为与人相处。②提撕：教导，提醒。

【译文】

恭敬乃是历代圣贤与人相处的根源，谨慎则是千百年来提醒教导人们言行的关键。

度量如海涵①春育②，应接如流水行云③，操存如青天白日，威仪如丹凤祥麟，言论如敲金戛④石，持身⑤如玉洁冰清，襟抱⑥如光风霁月，气概如乔岳⑦泰山。

【注释】

①海涵：如海一样的包容，比喻人度量大。②春育：如春风一样化育万物，比喻待人温和。③流水行云：像江河中的流水、天上的行云，比喻处事洒脱自然，不做作。④戛（jiá）：敲打。⑤持身：对自己言行的把握，即立身、修身。⑥襟抱：胸怀，抱负。⑦乔岳：即高山，本指泰山。乔，高大。

【译文】

度量要如大海般宽广，能容纳一切，又如春风般温和，化育万物，待人接物应当如行云流水般洒脱自然，情操要像青天白日般光明磊落，威仪应该像凤凰麒麟那样威严庄重，言论应当如敲金振石般响亮干脆，修身应当如冰玉般纯洁清净，胸襟抱负应当如同雨后清风明月般明澈高远，气概则应如泰山般雄伟崇高。

海阔凭鱼跃，天高任鸟飞，非大丈夫不能有此度量。振衣①千仞②冈，濯足③万里流，非大丈夫不能有此气节。珠藏泽自媚④，玉韫⑤山含晖⑥，非大丈夫不能有此蕴藉⑦。月到梧桐上，风来杨柳边，非大丈夫不能有此襟怀⑧。

【注释】

①振衣：抖衣去尘，此处引申为清白做人。②仞：古代计量单位，一仞约合周尺八尺或七尺（周尺约合二十三厘米）。③濯足：本意为洗脚，后指清除尘俗，保持高洁。④媚：美好。⑤韫：蕴藏。⑥晖：阳光，也泛指光辉。⑦蕴藉：含而不露。⑧襟怀：胸襟，胸怀。

【译文】

广阔的大海任凭鱼畅游腾跃，浩瀚的天空任凭鸟自由飞翔，不是大丈夫不会有这样的度量。清白做人，身躯犹如千仞高山般高大伟岸，不落尘俗，气魄犹如万里江河般宏大开阔，不是大丈夫不会有这样的气节。宝珠即便藏于水泽之中也依然鲜妍美好，美玉即便蕴藏于深山之中也依旧光辉不减，不是大丈夫不会有这样的含而不露的品格。犹如照彻梧桐的月光般皎洁，又如吹拂杨柳的春风般和煦，不是大丈夫不会有这样的胸襟。

处草野①之日，不可将此身看得小；居廊庙②之日，不可将此身看得大。

【注释】

①草野：荒野，喻指民间。②廊庙：指朝廷。

【译文】

身处民间的时候，不要将自己看得很渺小；而在朝廷里做官的时候，也不要将自己看得太重要。

只一个俗念头，错做了一生人；只一双俗眼睛，错认了一生人。

【译文】

只因为有了一个庸俗的念头，这一生做人做事都错了；只因为以庸俗的眼光看待他人，导致一生都没有认清朋友与敌人。

心不妄念，身不妄动，口不妄言，君子所以存诚。内不欺己，外不欺人，上不欺天，居子所以慎独。不愧父母，不愧兄弟，不愧妻子，君子所以宜家①。不负天子，不负生民，不负所学，君子所以用世。

【注释】

①宜家：使家庭和睦。

【译文】

内心没有不正的念头，没有不规矩的动作，没有乱说的话，所以君子的一切行为皆存诚信。对内不欺骗自己，对外不欺骗别人，对上不欺骗苍天，所以君子独处时更加谨慎守礼。不愧对父母，不愧对兄弟，不愧对妻子儿女，所以君子能够使家庭和睦融洽。不辜负君王所托，不辜负百姓的期望，不辜负自己平生所学，所以君子能够被委以重任。

以性分[1]言，无论父子兄弟，即天地万物，皆一体耳，何物非我，于此信得及，则心体[2]廓然[3]矣；以外物言，无论功名富贵，即四肢百骸[4]，亦躯壳耳，何物是我，于此信得及，则世味[5]淡然矣。

【注释】

①性分：天性，本性。②心体：心思，内心。③廓然：宽阔而宁静。④四肢百骸：人体的各个部分，泛指全身。⑤世味：功名富贵，世俗人情。

【译文】

就天性而言，无论是父子兄弟还是天地万物，都以一个整体存在，与我哪有本质区别，认识到了这一点，内心便会豁然开朗变得平静；就外在事物而论，无论功名富贵还是身体四肢，都是自己的心思以外的躯壳罢了，哪一个才真正属于我呢，认识到了这一点，所有的功名富贵、世俗人情都会变得淡然无味了。

有补[1]于天地曰功，有关于世教[2]曰名，有学问曰富，有廉耻曰贵，是谓功名富贵。无为[3]曰道，无欲曰德，无习于鄙陋[4]曰文，无近于暧昧[5]曰章，是谓道德文章。

【注释】

①补：益处。②世教：当世的礼法和教化。③无为：道家的思想，指

要依附天命，顺应自然，没必要有所作为。④鄙陋：粗俗浅薄。⑤暧昧：态度不明朗，或行为不可告人。

【译文】

有益于社会自然的，才可以称为“功”；有助于当世的礼法和教化的，才可以称为“名”；具有了知识学问，便可以称为“富”；懂得了礼义廉耻，便可以称为“贵”；这些就是平常所说的功、名、富、贵。顺应自然而无所作为的，便可以称为“道”；没有不良欲念的，便可以称为“德”；没有受到世间的粗俗浅薄影响的，便可以称为“文”；为人处世坚持原则、态度坚决的，可以称为“章”；这些就是经常提到的道、德、文、章。

困辱非忧，取困辱为忧；荣利非乐，忘荣利为乐。

【译文】

困苦受辱不值得忧虑，而自取困辱才值得忧虑；荣耀利益不是真正的快乐，忘掉荣耀利益才能获得真正的快乐。

热闹华荣之境，一过则生凄凉；清真①冷淡②之为，历久愈有意味。

【注释】

①清真：纯真朴素。②冷淡：素净淡雅。

【译文】

热闹繁华的情景，过去之后就会感到空虚凄凉；而清淡脱俗的作为，才能历时越久而更有意味。

心志要苦，意趣①要乐。气度要宏，言动要谨。

【注释】

①意趣：思想与旨趣。

【译文】

内心要经历困苦磨难，思想要积极乐观。气度要宽宏大量，说话做事要小心谨慎。

心术以光明笃实为第一，容貌以正大老成为第一，言语以简重真切为第一。

【译文】

心术最重要的是光明磊落、坦诚实在，容貌外表最重要的是端正、大方、沉稳，说话最重要的是简洁真诚。

勿吐无益身心之语，勿为无益身心之事，勿近无益身心之人，勿入无益身心之境，勿展无益身心之书。

【译文】

不要说不利于身心健康的话，不要做不利于身心健康的事，不要接近不利于身心发展的人，不要进入不利于身心健康的地方，不要看不利于身心健康的书。

此生不学一可惜，此日闲过二可惜，此身一败三可惜。

【译文】

人一生没有学习，这是一可惜；一天闲过，这是二可惜；一事无成，这是三可惜。

君子胸中所常体，不是人情是天理。君子口中所常道，不是人伦是世教。君子身中所常行，不是规矩是准绳。

【译文】

君子心中常常体会到的不是人情而是天理。君子口中所常说的不是人伦世故而是世间天地至理。君子经常亲自践行的，不是道德规矩而是行为的准绳。

休诿罪于气化[1]，一切责之人事。休过望[2]于世间，一切求之我身。

【注释】

①气化：指阴阳之气的变化，也比喻世事的变迁。此处指运气。②过望：奢望，过高的要求。

【译文】

不要将自己的不顺归罪于运气不佳，而应该将一切都归罪于自身的为人处世。不要对社会和世人抱有过高的奢望和要求，应当用这一切来要求自己。

自责之外，无胜人之术；自强之外，无上人之术。

【译文】

除了严于自责之外，没有其他能够胜过别人的方法；除了自强不息之外，没有其他能够超过别人的途径。

书有未曾经我读，事无不可对人言。

【译文】

书籍有我不曾阅读过的，事情没有不可以对别人说的。

闺门之事可传，而后知君子之家法矣；近习[1]

之人起敬，而后知君子之身法矣。

【注释】

①近习：亲近。

【译文】

家中的事情可以告诉他人，而后人们就可以了解君子的治家之法；令亲近的人都恭敬谨肃，而后人们就可以了解君子的修身之道。

门内罕闻嬉笑怒骂，其家范①可知；座右②遍名书论格言，其志趣可想。

【注释】

①家范：治家的规范，法度。②座右：座位的右边。古人常把自己所珍视的文字书画放置于此。

【译文】

家门之内很少听到嬉笑怒骂之声，这样的人家其治家的法度就可以推知；座右案头到处都题写着格言名句，此人的志向意趣便可想见。

慎言动于妻子仆隶之间，检身心于食息起居之际。

【译文】

即使和自己的妻子儿女仆人相处时，也要谨慎自己的言行，即便是日常饮食起居生活中，也要随时检验自己的身心修养。

语言间尽可积德，妻子间亦是修身。

【译文】

与人谈话时完全可以积德，与妻子儿女融洽相处也是修身养性的好机会。

昼验之妻子，以观其行之笃与否也；夜考之梦寐，以卜①其志之定与否也。

【注释】

①卜：预料，估计，猜测。

【译文】

白天考察自己的妻子儿女，通过看妻子儿女的反应来观察他们的行为是否诚信踏实；夜晚考察自己的睡梦，由梦境的情况来考验自己的意志是否坚定。

欲理会七尺①，先理会方寸。欲理会六合②，先理会一腔③。

【注释】

①七尺：指身躯，人身长约相当于古尺七尺，此处代指人。②六合：上下和四方，泛指天地或宇宙。③一腔：本指动物体内的空隙，此处引申为身边小事。

【译文】

要想了解人的行为，先要了解人的内心。要想处理好天下大事，先要处理好身边的小事。

世人以七尺为性命[1]，君子以性命为七尺。

【注释】

①性命：上天赋予人的本性。

【译文】

世俗的普通人认为自己的身体就是上天所赋予的本性，而君子则将上天所赋予的本性视作自己的身体来珍惜。

气象要高旷，不可疏狂[1]。心思要缜密，不可琐屑。趣味要冲淡，不可枯寂。操守要严明，不可激烈。

【注释】

①疏狂：豪放，不受拘束。

【译文】

做人的气度要高远宽阔，但不可疏漏狂妄。心思要谨慎细密，但不可流于琐碎。兴趣要清净淡雅，但不可枯燥无聊。操守要严肃公正，但不可过于强硬激烈。

聪明者戒太察[1]，刚强者戒太暴，温良者戒无断[2]。

【注释】

①太察：为人精明，任何小问题都看得清清楚楚。②无断：处事犹豫不决，不果断。

【译文】

聪明的人不应太过精明，刚强的人不应太过暴躁，温和善良的人处事不应太过优柔寡断。

勿施小惠伤大体，毋借公道遂私情。以情恕人，以理律己。

【译文】

不要因为施舍小恩小惠而伤害有关大局的道理，更不可以假借为公的名义而徇私情。要以人之常情宽恕别人，要以道理来约束自己。

以恕己之心恕人，则全交①；以责人之心责己，则寡过。

【注释】

①全交：指保全、维护交谊或友情。

【译文】

以宽恕自己的心来宽恕别人，如此便保全了友情；以责备他人的心责备自己，那么就可以少犯错误。

力有所不能，圣人不以无可奈何者责人；心有所当尽，圣人不以无可奈何者自诿①。

【注释】

①诿（wěi）：推脱，推卸责任。

【译文】

总有人力所不及的事情，圣人不会因为这些无可奈何的事来苛责于人；做事情应当尽心尽力，圣人不会因为这些无可奈何的事来推卸自己的责任。

众恶必察，众好必察，易；自恶必察，自好必察，难。

【译文】

众人的缺点一定要查明，众人的优点也一定要查明，这些都是很容易做到的事情；自己的缺点一定要查明，自己的优点也一定要查明，这些都是极难做到的事情。

见人不是，诸恶之根；见己不是，万善之门。

【译文】

只看到别人的过错和坏处，这是各种恶的根源；能明察自己的过错和缺失，这才是所有善的开端。

不为过三字，昧①却多少良心；没奈何三字，抹去多少体面。

【注释】

①昧：隐藏，隐瞒。

【译文】

“不为过”这三个字，蒙蔽了多少人的良心；“没奈何”这三个字，使得多少人丢掉了体面。

品诣[①]常看胜如我者，则愧耻自增；享用常看不如我者，则怨尤[②]自泯[③]。

【注释】

①品诣：品行。②怨尤：埋怨责怪。③泯：消失。

【译文】

在修养品德上常看那些超过我的人，那么心中自然就会增加惭愧耻辱的感觉；在物质享受上常看那些不如我的人，那么心中的埋怨和责怪的情绪自然就会消失。

家坐无聊，亦念食力[①]担夫红尘赤日；官阶不达，尚有高才秀才白首青衿[②]。

传统文化小知识

大理寺

大理寺是我国南北朝到清代的中央司法审判机构。初设于北齐，隋时确立。寺指官署，其首长称大理寺卿，亦简称大理寺。大理寺的主官称卿，下设副职少卿及丞等其他员役，编制及名额各代略有变更。大理寺的职责是审核刑狱案件。唐代，大理寺一度改称详刑寺，不久复名大理寺。宋代分左右寺，左寺复审各地方奏劾和疑狱大罪，右寺审理京师百官的刑狱。明清沿用，至清末改称大理院。明清两代的大理寺与刑部、都察院合称“三法司”。

【注释】

①食力：靠劳动生活，自食其力。②青衿：青色交领的长衫，是古代学子和明清秀才的常服。代指身无官职的人。

【译文】

家中闲坐觉得无聊时，不妨想想那些在烈日下、尘土飞扬中为生活而辛劳的人们；官位不能飞黄腾达时，可以想想仍有许多才华横溢却没有考取功名的白头秀才们。

将啼饥者比，则得饱自乐。将号寒者比，则得暖自乐。将劳役者比，则优闲自乐。将疾病者比，则康健自乐。将祸患者比，则平安自乐。将死亡者比，则生存自乐。

【译文】

和那些啼哭着叫喊饥饿的人相比，吃饱了自然就快乐。和呼叫寒冷的人相比，穿得温暖自然就快乐。和承受繁重劳役的人相比，生活悠闲自然就快乐。和身患疾病痛苦不堪的人相比，身体健康自然就快乐。和遭受灾祸的人相比，生活平安自然就快乐。和死去的人相比，活着自然就快乐。

常思终天①抱恨，自不得不尽孝心。常思度日艰难，自不得不节费用。常思人命脆薄，自不得不惜精神。常思世态炎凉，自不得不奋志气。常思法网难漏，自不得不戒非为。常思身命易倾，自不得不忍气性。

【注释】

①终天：终身。一般用于死丧永别等不幸的时候。

【译文】

常常想到因父母离世尚未尽孝而悔恨终身，自然就不能不尽孝心了。常常想到过日子的艰难，自然就不得不节约日常开销了。常常想到人的生命脆弱，自然就不得不珍惜精神元气了。常常想到世态人情冷暖，自然就不得不立志奋发了。常常想到法网恢恢难以逃脱，自然就不能让自己胡作非为了。常常想到生命易逝，自然就不得不忍气耐性了。

以媚①字奉亲，以淡字交友，以苟字省费，以拙字免劳，以聋字止谤，以盲字远色，以吝字防口，以病字医淫。以贪字读书，以疑字穷理，以刻字责己，以迂字守礼，以狠字立志，以傲字植骨，以痴字救贫，以空字解忧，以弱字御侮，以悔字改过，以懒字抑奔竞②风，以惰字屏③尘俗事。

【注释】

①媚：逢迎，迎合。②奔竞：奔走竞争，多指对名利的追求。③屏：排除，除去。

【译文】

用“媚”字奉养父母亲人，用“淡”字交朋友，用“苟”字节俭花费，用“拙”字免去劳役，用“聋”字消除诽谤，用“盲”字远离美色，用“吝”字防止言说过多，用“病”字医治享乐无度。用“贪”字读书，用“疑”字探究事理，用“刻”字要求自己，用“迂”字坚守礼仪，用“狠”字立下志向，用“傲”字树立风骨，用“痴”字救济贫困，用“空”字解脱忧烦，用“弱”字抵御侮辱，用“悔”字改正错误，用“懒”字抑制追名逐利，用“惰”字隔绝凡尘俗事。

对失意[1]人，莫谈得意事；处得意日，莫忘失意时。

【注释】

①失意：不遂心，不得志。

【译文】

面对失意的人，不要谈论自己得意的事；处于得意的时候，不要忘记曾经失意的日子。

贫贱是苦境，能善处者自乐；富贵是乐境，不善处者更苦。

【译文】

贫贱是苦难的境况，能很好地居于其境的人就能自得其乐；富贵是快乐的境地，不能很好地对待富贵的人便会遭受更加困苦的事情。

恩里由来生害，故快意时须早回头；败后或反成功，故拂心[1]处莫便放手。

【注释】

①拂心：违逆心意，不顺心。

【译文】

恩宠过甚从来都会反生出祸害，所以得意的时候应及早回头，急流勇退；失败后也许会反获成功，所以不顺心时不要轻言放弃。

深沉厚重，是第一等资质[①]。磊落豪雄，是第二等资质。聪明才辩，是第三等资质。

【注释】

①资质：人的天资、气质。

【译文】

深刻沉着、忠厚稳重，是第一等的天资气质。光明磊落、豪迈雄健，是第二等的天资气质。明智聪慧、能言善辩，是第三等的天资气质。

上士忘名，中士立名，下士窃名。

【译文】

上等的读书人忘却自己的名望，中等的读书人努力树立自己的名望，下等的读书人窃取名望。

上士闭心[①]，中士闭口，下士闭门。

【注释】

①闭心：思想上严格自守。

【译文】

上等的读书人心中根本没有杂念，中等的读书人不会胡乱讲话，下等的读书人只会闭门不出。

好讦[①]人者身必危，自甘为愚，适成其保身之智；好自夸者人多笑，自舞其智，适见其欺人之愚。

【注释】

①讦（jié）：揭发别人的隐私或攻击别人的短处。

【译文】

喜欢攻击别人短处的人必然给自身招来灾祸，如果自己甘心做个愚笨的人，那么这恰恰能成就他保全自身的智慧；喜好自我吹嘘的人多数会被众人取笑，自以为成功地耍弄了自己的小聪明，这却恰恰表现出他自欺欺人的愚昧。

闲暇出于精勤，恬适出于畏惧。无思出于能虑，大胆出于小心。

【译文】

悠闲自得实际上是源于专心勤奋，淡泊安适实际上是源于恭敬畏惧。无思无虑实际上是源于善于思考，胆大无畏实际上是源于小心翼翼。

平康[①]之中，有险阴焉。衽席[②]之内，有鸩毒[③]焉。衣食之间，有祸败焉。

【注释】

①平康：平安。②衽席：泛指卧席，即睡觉的地方。③鸩毒：毒酒，引申为毒害、加害。

【译文】

看似平安的环境之中，可能隐藏着危险和阴谋。卧席之上看似关系亲近，可能已经产生了毒害的念头。看似平常的穿衣吃饭的小事里，很可能会产生灾祸和败落的苗头。

居安虑危，处治思乱。

【译文】

居身平安之境要考虑可能出现的危难，身处太平盛世要想到将来可能发生的动荡混乱。

天下之势，以渐而成；天下之事，以积而固。

【译文】

天下各种力量消长的态势都是逐渐形成的；天下任何事业的成功都是靠日积月累而得以巩固的。

祸到休愁，也要会救；福来休喜，也要会受。

【译文】

灾祸到来时不要只顾着发愁，要学会寻找方法补救；好事来临时也不要只顾着欢喜，要懂得如何享受。

天欲祸人，先以微福骄①之；天欲福人，先以微祸儆②之。

【注释】

①骄：自满，自大。②儆：使人警醒，不犯过错。

【译文】

如果上天要使一个人遭受灾祸，必先给他一点儿小小的好处使他自大自满；如果上天要使一个人享受福气，必先给他一点儿小小的祸患使他有所警惕而不会犯错。

傲慢之人骤①得通显②，天将重刑③之也；疏放④之人艰于进取，天将曲赦⑤之也。

【注释】

①骤：突然。②通显：官位高，名声大。③刑：对罪犯的处罚，此处泛指惩罚。④疏放：放纵，不受拘束。⑤曲赦：特赦，此处指宽容、宽恕。

【译文】

如果傲慢的人突然获得高官显位，那么上天将会重重地惩罚他；如果放散漫纵的人能艰苦奋斗、努力进取，那么上天也会宽容他的行为。

小人亦有坦荡荡处，无所忌惮①是已；君子亦有长戚戚②处，终身之忧是已。

【注释】

①忌惮：顾忌，畏惧。②戚戚：忧惧、忧伤的样子。

【译文】

小人也有坦荡大气之处，不过是因为无所顾忌而已；君子也会有忧惧忧伤的地方，是因为终身都在忧国忧民而已。

水，君子也。其性冲，其质白，其味淡，其为用也，可以浣[1]不洁者而使洁，即沸汤中投以油，亦自分别而不相混，诚哉君子也。油，小人也。其性滑，其质腻[2]，其味浓，其为用也，可以污洁者而使不洁，倘滚油中投以水，必至激搏而不相容，诚哉小人也。

【注释】

①浣：洗。②腻：积污，污垢。此处指污秽。

【译文】

君子像水，性情谦虚冲淡，本质纯洁，给人平和清淡之感，君子的作用在于洗涤不干净的东西从而使其干净清洁，即使在滚烫的热水中放入油，二者也会各自分开而不会混合，这就是君子的本性。小人像油，性情奸猾，本质污秽，给人浓稠油腻之感，小人的作用在于污染本来清洁的东西使其肮脏，倘若在滚烫的油中倒入水，二者必然形成激烈的接触而互不相容，这就是小人的本质。

凡阳必刚，刚必明，明则易知；凡阴必柔，柔必暗，暗则难测。

【译文】

凡是性格外向的人为人必定刚强，为人刚强行事一定光明磊落，行事光明磊落就容易被别人了解；凡是性格内向的人为人必定柔和，为人柔和处事一定小心谨慎且不喜欢张扬，行事谨慎低调就会使人难以猜测。

称人以颜子[1]，无不悦者，忘其贫贱而夭；指人以盗跖，无不怒者，忘其富贵而寿。

【注释】

①颜子：即颜回，孔子弟子中德行最高者，不幸早亡。

【译文】

称别人为颜回，没有不高兴的，因为人们忘记了他的贫贱和早亡而只记得他德行的高尚；称别人为盗跖，没有不发怒的，因为人们忘记了他的富贵和长寿而只记得他曾经为非作歹。

事事难上难，举足[①]常虞[②]失坠[③]；件件想一想，浑身都是过差。

【注释】

①举足：举动，作为。②虞：预料，防备。③失坠：失落，失去。此处指失败。

【译文】

做任何事都有困难，因为必须常常防备将会到来的失败；做每一件事都应该想一想自己的行为，因为自己浑身上下都有造成过失和差错的可能。

怒宜实力[①]消融[②]，过要细心检点[③]。

【注释】

①实力：切实用力。②消融：融化，消失。此处指消除。③检点：检查，查看。

【译文】

有怒气要切实尽力消除，有过错要仔细检讨改正。

探理宜柔，优游[1]涵泳[2]，始可以自得；决欲宜刚，勇猛奋迅，始可以自新。

【注释】

①优游：态度从容。②涵泳：深入领会。

【译文】

探求事理应当柔缓渐进，从容探索深入领会，这样才能有所收货；禁绝欲念应当刚强果断，勇猛有力行动迅速，这样才能自新。

惩忿窒欲，其象为损[1]，得力在一忍字；迁善[2]改过，其象为益[3]，得力在一悔字。

【注释】

①损：指“损”卦，其主要思想是告诉人们要有所割舍有所克制，才能有所收获和保全。②迁善：改过向善。③益：指“益”卦，其主要思想是告诉人们要通过改正和克制，使自己有更大的收获。

【译文】

压制愤怒控制欲望，就像“损”卦表示的那样，关键在于忍耐；改正错误一心向善，就像“益”卦表示的那样，关键在于悔悟。

富贵如传舍[1]，惟谨慎可得久居；贫贱如敝衣[2]，

惟勤俭可以脱卸。

【注释】

①传舍（zhuàn shè）：古时供行人休息住宿的处所，即旅店。②敝衣：破旧的衣服。

【译文】

富贵如同住宿旅店，只有谨慎勤劳才可以长地住下去；贫贱好像破衣服，只有勤俭才能脱去贫穷的破衣。

俭则约①，约则百善俱兴；侈则肆，肆则百恶俱纵。

【注释】

①约：约束，限制。

【译文】

生活勤俭的人会对自己有所约束，有了约束各种美好的德行就会产生；生活奢侈的人会变得傲慢放肆，变得傲慢放肆了则各种各样丑恶的行径都会变得放纵泛滥。

奢者富不足，俭者贫有余；奢者心常贫，俭者心常富。

【译文】

生活奢侈的人虽然富裕却常嫌不够富足，生活节俭的人虽然贫穷却仍能感到有余；生活奢侈的人心里常常感到贫困，生活节俭的人心里常常感到富足。

贪饕[①]以招辱，不若俭而守廉。干请[②]以犯义[③]，不若俭而全节。侵牟[④]以聚怨，不若俭而养心。放肆以遂欲，不若俭而安性。

【注释】

①贪饕：贪得无厌。②干请：请托。③犯义：损害道义。④侵牟：侵害掠夺。

【译文】

贪心不知足易招致侮辱，不如节俭生活而坚守廉洁之气。请托他人求取功名而冒犯节义，不如节俭生活而成全节义。巧取豪夺他人财物而导致积聚怨恨，不如节俭生活而修养心性。放纵自己满足欲望，不如节俭生活而安定性情。

静坐，然后知平日之气浮。守默，然后知平日之言躁。省事，然后知平日之心忙。闭户，然后知平日之交滥[①]。寡欲，然后知平日之病多。近情[②]，然后知平日之念刻。

【注释】

①交滥：交友不加选择。②近情：思考问题从人之常情出发。

【译文】

静坐的时候，才知道平日的心浮气躁。独自待着不说话时，才知道平日言语暴躁伤人。反省自己的行为时，才知道平日心情的忙乱。闭门拒绝会友时，才知道平日交友的不加选择。减少欲望后，才知道平日里心中有太多的忧虑和欲望。思考问题从人之常情出发，才知道平日自己想法的苛刻。

〖读·品·悟〗

静坐能历练人的气质：一种处乱不惊的气质，一种娴静沉着的气质，一种淡泊宁静的气质，一种善于自我剖析的气质，一种巧辨是非的气质，一种睿智明理的气质。而这些与外界都无关，只是自身心智的磨炼，所以不必对环境的要求太苛刻。只有静，人才能在喧嚣的尘世中，不断反省自己，做到内观其心，外观其表；只有静，才能不断地明确自己所追求的目标，不至于因为世俗的诱惑，偏离目标太远。

无病之身，不知其乐也，病生始知无病之乐；无事之家，不知其福也，事至始知无事之福。

【译文】

自身无灾无病，感受不到这就是快乐，等到生病卧床方才意识到无灾无病时的快乐；家中平安无事，感受不到这就是幸福，等到祸事临头方才体会到平安无事才是幸福。

欲心正炽[①]时，一念著病，兴似寒冰；利心正炽时，一想到死，味同嚼蜡[②]。

【注释】

①炽：热烈，旺盛。②嚼蜡：比喻无味。

【译文】

欲望的念头正炽烈时，一想到将会因纵欲而生病痛苦，兴致就好像寒冰一样骤然冷却下来；逐利的想法正浓烈时，一想到将来总会死去，贪念便会变得索然无味。

有一乐境界，即有一不乐者相对待①；有一好光景②，便有一不好底相乘除③。

【注释】

①对待：相对。②光景：光阴，时光。③乘除：抵消。

【译文】

有一个快乐的境况，就会有一个不快乐的境况与之相对立；有一段美好的时光，就有一段不美好的时光与之相抵消。

事不可做尽，言不可道尽，势不可仗尽，福不可享尽。

【译文】

办事不能做尽做绝，说话不能说尽说绝，权势不能过分地依仗，福气不能享用殆尽。

不可吃尽，不可穿尽，不可说尽；又要懂得，又要做得，又要耐得。

【译文】

生活上，不能吃光，不能穿光，说话时留有余地；处事上，道理不但要懂得，而且能够做得到，遇逆境还要坚持得住。

难消之味休食，难得之物休蓄，难酬[1]之恩休受，难久之友休交，难再之时休失，难守之财休积，难雪之谤休辩，难释[2]之忿休较。

【注释】

①酬：报答。②释：消除。

【译文】

难以消化的美味不要贪吃，难以获取的宝物不要储藏，难以酬报的恩惠不要接受，难以长久相处的朋友不要交往，难以再现的光阴不要浪费，难以守护的资财不要积贮，难以辩明的诽谤不要辩白，难以消除的愤恨不要计较。

饭休不嚼便咽，路休不看便走，话休不想便说，事休不想便做，衣休不慎便脱，财休不审[1]便取，气休不忍便动，友休不择便交。

【注释】

①审：仔细思考。

【译文】

吃饭不可不嚼烂就下咽，走路不可不看就向前走，话不可不考虑就信口乱说，事不可不考虑周全就贸然去做，衣服不能不慎重随便就脱，钱财不能不思考清楚随便据为己有，怒气不可不加忍耐就任意发作，朋友不可不加选择就交往。

为善如负重登山，志虽已确，而力犹恐不及；为恶如乘骏走坂[①]，鞭虽不加，而足不禁[②]其前。

【注释】

①坂（bǎn）：山坡，斜坡。②禁：止，停。

【译文】

做好事如同背着重物爬山，志向虽然已经确立，但总是担心力不从心；干坏事如同骑马下山，即使不用鞭子抽，马蹄也仍然不停向前。

防欲如挽[①]逆水之舟，才歇手，便下流；为善如缘[②]无枝之树，才住脚，便下坠。

【注释】

①挽：拉，牵引。②缘：沿着，顺着。此处引申为攀爬。

【译文】

慎防欲念如同牵拉逆流行驶的船，手一旦停下来，船便会倒退顺流而下了；着力行善如同攀爬没有旁枝侧节的大树，脚一旦停下来，身体便会向下坠落滑。

胆欲大，心欲小，智欲圆，行欲方。

【译文】

人的胆识要大，心思要细密，智慧要圆融，品行要方正。

真圣贤，绝非迂腐；真豪杰，断不粗疏。

【译文】

真正的圣贤，绝不是迂腐不化的人；真正的豪杰，也断然不是粗鲁狂放的人。

龙吟虎啸，凤翥[①]鸾[②]翔，大丈夫之气象；蚕茧蛛丝，蚁封[③]蚓结[④]，儿女子之经营[⑤]。

【注释】

①翥（zhù）：飞翔。②鸾：传说中像凤凰一类的鸟。③蚁封：蚂蚁窝。④蚓结：像蚯蚓一样屈曲。⑤经营：筹划经营。

【译文】

如龙虎般吟啸，似凤鸾般翱翔，这才是大丈夫的气派；像蚕蛹结茧、蜘蛛吐丝，蚂蚁筑巢、蚯蚓蜷缩，这都是小人的谋划经营。

格格[①]不吐，刺刺不休[②]，总是一般语病，请

传统文化小知识

卿大夫

卿大夫最初是西周时期分封制度下的一个分封级别。秦统一六国之后，由于分封制已经被郡县制所取代，卿大夫这个封建领主也便不再存在。“卿大夫”这个词分裂为“卿”和“大夫”，均是官职名称。秦汉朝廷“三公”之下设“九卿”，如大理寺卿、太常寺少卿等。而“大夫”也是古代高级官员的称呼，秦汉之际的中央要职中便有御史大夫、谏议大夫等官职。

以莺歌燕语[3]疗之；恋恋不舍，忽忽[4]若忘，各有一种情痴[5]，当以鸢飞鱼跃[6]化之。

【注释】

①格格：形容有心事。②剌剌不休：说话唠叨，没完没了。③莺歌燕语：本意是黄鹂歌唱，燕子呢喃，形容春天的美好景象。此处引申为说话当讲则讲，当止则止。④忽忽：迷糊，恍惚。⑤情痴：痴情，痴迷。⑥鸢飞鱼跃：鹰在天空飞翔，鱼在水中腾跃，形容万物各得其所。此处引申为顺其自然，心态平淡。鸢，老鹰。

【译文】

心事重重一言不发，唠唠叨叨说个没完，这都是平常人们说话易犯的毛病，请用莺歌燕语一样的悦耳之语来治疗，当讲则讲，当止则止；心中难舍，迷糊而有所忘记，都是一种痴迷的状态，应当用鹰飞鱼跃一般的开阔气度来化解，从而顺其自然。

问消息[1]于蓍龟[2]，疑团空结；祈福祉于奥灶[3]，奢想徒劳。

【注释】

①消息：征兆，端倪。②蓍（shī）龟：蓍草和龟甲，古人用以占卜吉凶。③奥灶：指奥神和灶神。屋内西南角叫奥，古人认为那里有神，称为奥神。灶神，灶旁管烹饪做饭的神。

【译文】

通过用蓍草和龟甲占卜来了解未来的吉凶，只能凭空结下更多疑团；向奥神和灶神祈求福祉，不过是奢望，终究还是徒劳无用。

谦，美德也，过谦者怀诈；默，懿行也，过默者藏奸。

【译文】

谦虚是美好的品德，但过于谦虚的人就有可能心怀诡诈；缄默是美好的品行，但过于沉默的人则就有可能胸藏奸伪。

真不犯祸，和不害义。

【译文】

为人正直，但不要因此而招致祸患；为人谦和，但不要因此而损害道义。

圆融者无诡随[①]之态，精细者无苛察之心，方正者无乖[②]拂[③]之失，沉默者无阴险之术，诚笃者无椎鲁[④]之累，光明者无浅露之病，劲直者无径情[⑤]之偏，执持[⑥]者无拘泥之迹，敏练者无轻浮之状。

【注释】

①诡随：不顾是非，妄随人意。②乖：乖张。③拂：违背，不顺。④椎鲁：愚钝，鲁钝。⑤径情：任性，任意。⑥执持：操守。

【译文】

真正圆融随和的人不会有不顾是非而妄随人意的神态，真正精明细心的人不会有苛刻审查的心思，真正行为方正的人没有与他人格格不入的乖张行为，真正沉默寡言的人没有阴险的念头和手段，真正诚信笃实的人不会有愚钝的牵累，真正光明正大的人没有肤浅的缺点，真正刚直的人没有任性的偏失，真正操守果决的人没有拘泥不知变通的毛病，真正敏捷干练的人没有轻浮的状态。

才不足则多谋，识不足则多事，威不足则多怒，信不足则多言，勇不足则多劳，明不足则多察，理不足则多辩，情不足则多仪。

【译文】

才能不足的人计谋多，见识不够的人事情多，威仪不足的人怨怒多，诚信不够的人言语多，勇气不足的人多受辛劳，精明不足的人多关注细小的问题，理由不足的人多喜欢辩论，情分不够的人多讲究礼仪。

私恩①煦②感，仁之贼③也。直往④轻担⑤，义之贼也。足恭⑥伪态，礼之贼也。苛察⑦歧疑⑧，智之贼也。苟约⑨固守，信之贼也。

【注释】

①私恩：私人的恩惠。②煦：温暖。③贼：害，伤害。④直往：草率行事。⑤轻担：不承担责任。⑥足恭：过度恭敬，以取媚于人。⑦苛察：以繁琐苛刻为明察。⑧歧疑：多疑。⑨苟约：随便约定。苟，随便。

【译文】

以私人的名义施舍恩惠使人感到温暖，这是对仁的伤害。轻率从事而无担当，这是对义的伤害。伪装恭敬的仪态，这是对礼的伤害。以繁琐苛刻为明察且内心多疑，这是对智的伤害。随便与人约定便要求信守，这是对信的伤害。

有杀之为仁，生之不为仁者。有取之为义，与之为不义者。有卑之为礼，尊之为非礼者。有不知为智，知之为不智者。有违言为信，践言为非信者。

【译文】

有杀了他是仁，使他活下来反而不是仁的人。有夺取他的财物是义，而给予他财物反而不是义的人。有用卑贱的方法对待他合于礼节，而用尊敬的方法对待他却不合礼节的人。有什么都不知道才是智，而什么都知道了却是不智的人。有认为违背了诺言是信，履行了诺言反而是不信的人。

愚忠愚孝[①]，实能维天地纲常[②]，惜不遇圣人栽成[③]，未尝入室[④]；大诈大奸，偏会建世间功业，倘非有英主驾驭，终必跳梁[⑤]。

【注释】

①愚忠愚孝：盲目地尽忠尽孝。②纲常：“三纲五常”的简称，“三纲”即“君为臣纲，父为子纲，夫为妻纲”，“五常”即“仁、义、礼、智、信”，代指封建社会的伦理道德体系。③栽成：点拨，指点。④入室：比喻学问或技能已达到深奥的境界。⑤跳梁：即跳梁小丑，形容猖狂捣乱而没有多大能耐的丑恶之徒。

【译文】

盲目尽忠尽孝的人，的确能够维系社会的伦理道德体系，可惜没有得到圣人的指点，不能上升到更高的境界；极其奸诈的人，偏能建立人世间的功业，倘若没有英明的君主操控，最终必然会成为跳梁小丑。

知其不可为而遂委心①任之者，达人智士之见也；知其不可为而亦竭力图②之者，忠臣孝子之心也。

【注释】

①委心：把心放下。②图：谋取，希望得到。

【译文】

知道事情做不成，于是就把心放下听之任之，这是通达智慧之人的见识；知道事情做不成，而仍然竭尽全力希望做好的，这是忠臣孝子的想法。

小人只怕他有才，有才以济之，流害无穷；君子只怕他无才，无才以行之，虽贤何补。

【译文】

只怕小人有才能，得到才能帮助的小人会为害无穷；只怕君子没有才能，君子想要有所作为却没有才能，即使贤德又有什么补益呢？

养生类

本章主要讨论如何保养身体。作者将“养心”和“养身”并举，认为“养心”就是使人内心平和、宁静安详，从心中去除各种不良的欲望；“养身”主要指的是要顺应外界自然世界的变化来调节生活，并懂得有所节制，从生活中去除各种不良的欲望。本章总结出的养生心得承袭了中国古代传统的中医理论和养生思想，并结合了顺应外部节气变化的观点和五行思想，对我们的生活仍具有指导意义。

慎[1]风寒，节饮食，是从吾身上却[2]病法；寡嗜欲，戒烦恼，是从吾心上却病法。

【注释】

①慎：小心，注意。②却：去掉，祛除。

【译文】

注意冷风寒气，节制饮食，这是从自己身体上祛除疾病的方法；减少不良的嗜好和欲望，戒除烦恼，这是从自己心理上消除疾病的方法。

少思虑以养[1]心气，寡色欲以养肾气，勿妄动以养骨气，戒嗔怒[2]以养肝气，薄滋味[3]以养胃气，省言语以养神气[4]，多读书以养胆气，顺时令[5]以养元气[6]。

【注释】

①养：使身心得到滋养和休息。②嗔怒：恼怒，愤怒。③薄滋味：饮食清淡。④神气：即精神。⑤顺时令：即人的行为要顺应时节的变换。时令，季节，节令。⑥元气：中医术语，指人体的“正气”，与“邪气”相对。

【译文】

减少思虑来调养心气，减少色欲来调养肾气，不盲目乱动来调养骨气，戒止愤怒来调养肝气，饮食素淡来调养胃气，减少话语来调养神气，博览群书来调养胆气，顺应时令来调养元气。

忧愁则气结，忿怒则气逆[1]，恐惧则气陷[2]，拘迫[3]则气郁，急遽[4]则气耗。

【注释】

①逆：不顺畅。②陷：下沉，此处指消沉。③拘迫：束缚，限制。④急遽（jù）：匆忙，急切。

【译文】

忧伤愁苦，就会心气滞结；忿怨愤怒，就会心气横逆不顺；惊恐畏惧，就会心气沉落不浮；拘谨固执，就会心气郁结不释；急躁浮嚣，就会心气损耗不足。

行欲徐而稳，立欲定而恭，坐欲端而正，声欲低而和。

【译文】

走路应缓慢又稳健，站立应端直又恭敬，坐着应端庄又平正，说话应低沉又和缓。

心神欲静，骨力[1]欲动。胸怀欲开，筋骸[2]欲硬。脊梁欲直，肠胃欲净。舌端欲卷，脚根[3]欲定。耳目欲清，精魂欲正。

【注释】

①骨力：体力，此处指身体。②筋骸：指筋骨。③脚根：即脚跟。

【译文】

心神应该保持平静稳定，身体应该保持活动锻炼。胸怀应该保持宽广豁达，筋骨应该保持强健硬朗。脊梁应该保持端正平直，肠胃应该保持素淡洁净。舌头应该常卷保持谨慎寡言，脚跟应该站稳保持坚定不移。耳目应该保持聪明朗洁，精神应该保持正直无邪。

多静坐以收心，寡酒色以清心，去嗜欲以养心，玩①古训以警心，悟至理以明心。

【注释】

①玩：细心体会。

【译文】

经常静坐思考可以收拢心神，减少饮酒色欲可以清理思想，摒除嗜好欲望可以修养内心，细心体味古人教训可以警悟内心，悟察至理名言可以使内心明朗。

宠辱不惊①，肝木②自宁。动静以敬，心火自定。饮食有节，脾土不泄。调息③寡言，肺金自全。恬淡寡欲，肾水自足。

【注释】

①宠辱不惊：受宠或受辱都不放在心上，指不因得失而动心。②肝木：即肝，中医以金、木、水、火、土五行对应肺、肝、肾、心、脾五脏。下文中的“心火、脾土、肺金、肾水”，也是如此。③调息：调节呼吸。

【译文】

人如果不因外物得失而动心，那么肝气自然平静。无论动静都能保持谨慎，那么内心自然安定。饮食有所节制，那么脾胃自然不会受到伤害。调节呼吸少说话，那么肺气自然得以保全。淡薄声色减少欲望，那么肾气自然充足。

道生于安静，德生于卑退，福生于清俭，命生于和畅①。

【注释】

①和畅：温和畅达。

【译文】

道自安静平和之中悟得，德于谦卑退让之中养成，福在清贫节俭之中积累，命于温和畅达之中造就。

天地不可一日无和气①，人心不可一日无喜神。

【注释】

①和气：此处指带来吉祥的祥瑞之气。

【译文】

天地自然不可一日没有祥瑞之气，人的内心不可一日没有欢喜的情绪。

拙字可以寡过，缓字可以免悔，退字可以远祸，苟字可以养福①，静字可以益寿。

【注释】

①养福：保持幸福。

【译文】

“拙”字可以使人少犯过错，“缓”字可以使人免于后悔，“退”字可以使人远离灾祸，“苟”字可以使人保持幸福，“静”字可以使人延年益寿。

〖读·品·悟〗

抽是勤奋仔细，缓是小心多思，退是谦虚谨慎，苟是放松心情，静是安详平和。认真点不会犯错，慢一步明白前路，不张扬海阔天空，不较真百毒不侵，心宁静万事如意。人的能力有大有小，心态健康是关键。办事的道理都像老生常谈，但听不进就会吃亏。做人的方法都像陈规旧套，但不买账就会遭受挫折。大话不靠谱，浮躁不进步。

毋以妄心戕真心，勿以客气①伤元气。

【注释】

①客气：中医术语，指侵害人体的“邪气”。

【译文】

不要让虚妄荒谬的念头伤害到自己的本心真心，不要让外在的湿邪之气伤害了自身的正气。

拂意①处要遣②得过，清苦日要守得过，非理来要受得过，忿怒时要耐得过，嗜欲生要忍得过。

【注释】

①拂意：即不顺心。拂，违背，不顺。②遣：排解。

【译文】

遇到不如意的事要能自我排解，日子清苦时要能坚持得住，遭遇无理的事时要经受得住，愤怒不满时要忍耐得住，欲望产生时要克制得住。

言事知节，则愆尤①少。举动知节，则悔吝②少。爱慕知节，则营求③少。欢乐知节，则祸败少。饮食知节，则疾病少。

【注释】

①愆（qiān）尤：过失，错误。②悔吝：追悔，后悔。③营求：谋求，要求。

【译文】

说话办事知道节制，就会少犯错误。行为懂得节制，就会减少悔恨。懂得节制爱慕，就会减少谋求。懂得节制欢乐，就能减少灾祸。懂得节制饮食，就会少得疾病。

人知言语足以彰吾德，而不知慎言语乃所以养吾德；人知饮食足以益吾身，而不知节饮食乃所以养吾身。

【译文】

人们都知道说话可以显示自己的德行优点，但不知道说话谨慎才可以培养自己的德行；人们都知道饮食对身体有益，却不知道节制饮食才可以养护自己的身体。

闹时炼心，静时养心，坐时守心[①]，行时验心，言时省心，动时制心。

【注释】

①守心：此处指心思沉静专一，没有私心杂念。

【译文】

热闹时锻炼内心，安静时养护内心，静坐时坚守内心，行动时考验内心，说话时反省内心，行动做事时控制内心。

荣枯[①]倚伏[②]，寸田[③]自开顺逆，何须历问[④]塞翁[⑤]；修[⑥]短参差[⑦]，四体[⑧]自造彭殇[⑨]，似难专咎[⑩]司命[⑪]！

传统文化小知识

知行合一

“知行合一”是明代思想家王守仁的认识论命题。这里的“知”，指的是人的道德意识和思想理念；而“行”，指的是人的道德践履。王守仁指出，“知”与“行”二者必是统一的，既要反对“懵懵懂懂的任意去做，全不解思惟省察”，也要反对“茫茫荡荡的悬空去思索，全不肯着实躬行”。人的行为应以道德意识为指导思想，在道德指导下产生的良知是行为的开始，符合道德要求的行为则是良知的完成。

【注释】

①荣枯：这里比喻人世盛衰。②倚伏：互相依存。③寸田：即心。④历问：遍问。⑤塞翁：不因外物得失而喜悲的达观之人，此处可直接理解为他人。⑥修：长。⑦参差：不齐。⑧四体：四肢，此处代指人的身体。⑨彭殇：即寿夭。彭，彭祖，代指长寿。殇，夭折，未成年而死。⑩咎：怪罪，责怪。⑪司命：掌管生命的神。

【译文】

人世间的盛衰祸福都是互相依存的，顺逆祸福都源于自己的内心，哪里需要事事都去询问他人；寿命长短不齐，人的身体状况自然决定着自己是长寿还是短命，又怎能怪罪掌管生命的天神呢？

节欲以驱二竖①，修身以屈三彭②，安贫以听③五鬼④，息机⑤以弭⑥六贼⑦。

【注释】

①二竖：即病魔。②三彭：道教中的“三尸神”，彭姓，故称“三彭”，他们探查人的过错并向上天报告。③听：顺从。④五鬼：指智穷、学

传统文化小知识

小学

小学是居于经学之附属地位的语言文字之学。在周代，小学指的是贵族子弟少年时期所习的“六艺”之学，即礼、乐、射、御、书、数这6门知识。后来小学的范畴由“六艺”之属转变为语言文字之学。隋唐以后，小学成为文字学、音韵学与训诂学的统称，清代乾隆、嘉庆年间是小学发展的巅峰时期。

穷、文穷、命穷、交穷五种穷鬼。⑤息机：息灭机心，使内心回归平淡自然。⑥弭：平息，停止，消除。⑦六贼：佛教用语，即色、声、香、味、触、法六尘。谓此六尘能以眼、耳等为媒介，损害善性。

【译文】

节制欲念来祛除疾病，修养身心来消灭邪念，安贫乐道顺其自然，摒除机心、平息欲望能回归真善。

衰后罪孽[1]，都是盛时作的；老来疾病，都是壮年招的。

【注释】

①罪孽：此处指苦难。

【译文】

衰败后遭受的苦难，都是在强盛时不知修持而积累下来的；人老后所得的疾病，都是年轻时不知爱惜身体而招致的。

败德之事非一，而酗酒者德必败；伤生之事非一，而好色者生必伤。

【译文】

败坏德行的事情有许多，但酗酒之人的品德必定败坏；伤害身体的行为也有许多，而好色之人的身体必定损伤。

木有根则荣[1]，根坏则枯。鱼有水则活，水涸[2]则死。灯有膏[3]则明，膏尽则灭。人有真精，保之

则寿，戕之则夭。

【注释】

①荣：草木繁茂。②涸：水干。③膏：油脂。

【译文】

树木有了根才会繁茂，根一旦腐烂坏死树就会枯萎。鱼有了水才能存活，水干涸了鱼必定会死。灯有了油脂才会光亮，油脂一旦燃尽灯就会熄灭。人有真精元气，善加保护才会长寿，而加以伤害就必定早亡。

敦品类

本章主要讨论良好品行的培养。培养高尚的品格和德行需要付出持久的努力。当身处不同的情况、面对不同的人时，如何为人处事才能坚守自己的节操？唯有做到保持内心正直，为人坦荡，待人宽和，处事通达。编者还对读书人提出了一种期望，就是在现实生活中尽力将读书明理和修身养性相结合，成为踏实的治学之人，同时要有关照天下苍生的责任感和使命感。

欲做精金美玉①的人品，定从烈火中锻来；思立揭地掀天②的事功，须向薄冰③上履④过。

【注释】

①精金美玉：比喻纯洁完美的人或事物。②揭地掀天：指翻天覆地。③薄冰：很薄的冰层，引申为凶险的环境。④履：走。

【译文】

想要塑造纯洁完美的高尚人品，就必须在烈火般艰苦的环境中经受锤炼；要想成就翻天覆地的丰功伟业，就必须在薄冰般险恶的环境里前进。

人以品为重，若有一点卑污①之心，便非顶天立地汉子；品以行为主，若有一件愧怍②之事，即非泰山北斗③品格。

【注释】

①卑污：卑鄙肮脏。②愧怍（zuò）：惭愧。③泰山北斗：比喻德高望重或卓有成就而为人们所尊重敬仰的人。泰山极高，北斗最亮。

【译文】

为人以品格为重，假如存有一点儿卑劣污浊的想法，就不能称为顶天立地的大丈夫；品格以行为为主，假如做过一件令人惭愧的事情，也不能尊为泰山北斗般的人品。

人争求荣乎，就其求之之时，已极①人间之侮辱；人争恃宠②乎，就其恃之之时，已极人间之贱。

【注释】

①极：尽。②恃（shì）宠：倚仗地位高的人对自己的宠爱。恃，倚仗。宠，泛指地位高的人对地位低的人的宠爱。

【译文】

世人不是都在追求荣华富贵吗？其实，在他奋力追求荣华富贵时，就已经受尽了人间的奇耻大辱了。世人不是都追求地位高的人对自己的宠爱和照顾吗？其实，在他倚仗这种宠幸和关照时，就已经沦落成人世间最卑贱的人了。

丈夫之高华①，只在于功名②气节③；鄙夫④之炫耀，但求诸服饰起居。

【注释】

①高华：高贵显赫。②功名：功业和名望。③气节：志气和节操。④鄙夫：庸俗浅陋的人。

【译文】

志士仁人的高贵显赫，只在于功业、名声、志气和节操；庸俗浅陋的人所追求炫耀的，不过是各种服装、饰物以及饮食起居这些而已。

阿谀①取容②，男子耻为妾妇之道；本真③不凿④，大人不失赤子之心。

【注释】

①阿谀：说别人爱听的话，迎合奉承。②取容：讨好别人。③本真：

真实情况，本来面目。④凿：穿凿附会，引申为矫揉造作。

【译文】

曲意逢迎以讨好别人，男子汉以这种小妾邀宠的勾当为耻；人的本性不会矫揉造作，大丈夫不丢失纯真朴拙的内心。

君子之事上也，必忠以敬，其接下也，必谦以和；小人之事上也，必谄以媚，其待下也，必傲以忽[①]。

【注释】

①忽：轻视，蔑视。

【译文】

君子对待地位比自己高的人，一定是忠诚而恭敬的，对待地位比自己低的人，必然是谦虚而和悦的；小人对待地位比自己高的人，一定是奉承而谄媚的，对待地位比自己低的人，必然是傲慢而轻蔑的。

立朝不是好舍人[①]，自居家不是好处士[②]。平素[③]不是好处士，由小时不是好学生。

【注释】

①舍人：官名，此处代指官员。②处士：本指有才德而隐居不仕的人，后亦泛指未做过官的士人。③平素：平时，向来。

【译文】

入朝做官却不是好官，是因为在家时就不是个有才德的人。平时不是个有才德的人，是因为小时候就不是一个好好学习的学生。

做秀才如处子，要怕人。既入仕如媳妇，要养人。归林下如阿婆，要教人。

【译文】

尚未做官的读书人要像闺中少女一样，小心谨慎地对待别人。做官之后要如同过了门的媳妇一样，能养育一方百姓。年老辞官后要如同慈祥的阿婆，担负起教育后人的责任。

贫贱时，眼中不著富贵，他日得志必不骄；富贵时，意中不忘贫贱，一旦退休必不怨。

【译文】

贫贱时，眼中没有羡慕富贵的神色，将来得志一定不会骄横；富贵时，心中不忘贫贱之日，即便离开官位失却富贵心中也不会有什么抱怨。

贵人之前莫言贱，彼将谓我求其荐；富人之前莫言贫，彼将谓我求其怜。

【译文】

在有地位的人面前不要诉说自己的卑贱，因为这样对方会认为你在乞求他的推荐；在富有的人面前不要说自己贫困，因为这样对方会认为你在乞求他的怜悯。

小人专望人恩①，恩过辄②忘；君子不轻受人恩，受则必报。

【注释】

①恩：好处，深情厚谊。②辄：就。

【译文】

小人专门期望得到他人的恩惠，但接受好处后很快就会忘记；君子则不轻易接受别人的恩惠，一旦接受了就必定想办法回报。

处众以和，贵有强毅不可夺之力；持己以正，贵有圆通不可拘之权[①]。

【注释】

①权：权变，变通。

【译文】

与大家相处要用平和的态度，但同时贵在有坚持原则立场的刚强毅

力；对待自己要刚正严格，但同时贵在处事要有圆融通达而不拘泥于原则的变通。

使人有面前之誉，不若使人无背后之毁；使人有乍①处之欢，不若使人无久处之厌。

【注释】

①乍：刚刚，表示时间短暂。

【译文】

使他人得到当面的称赞，不如使他人没有在背后遭人说坏话；使他人获得短暂相处的快乐，不如使他人没有因长久交往而产生厌恶的情绪。

〖读·品·悟〗

人们在初见面时不会把自己的缺点暴露出来，所以所见到的往往只是好的一面，因此，第一印象远较平日来得完美。但是，一旦新鲜感消失，最初的亲切感也会因为缺点的增加和距离的拉长而改变。交往长久后的亲切才是真正的亲切，因为那时整个缺点都已被了解和接受，而能以完整的人格交往，此时的欢喜才是真正的欢喜。我们不要在初见时掩藏自己，只以好面目与人交往，免得让人以后产生不真实的厌恶感。

媚若九尾狐①，巧如百舌鸟②，哀哉修此七尺之躯；暴同三足虎，毒比两头蛇③，惜乎坏尔方寸之地！

【注释】

①九尾狐：传说中的奇兽，比喻内心奸诈善于谄媚逢迎的人。②百舌鸟：鸣叫声音婉转圆滑的鸟，比喻内心阴险花言巧语的人。③两头蛇：蛇的一种。因其尾圆钝，乍看颇像头，且有与头相同的行动习性，故而得名，古人传说见之者死。比喻阴险狠毒的人。

【译文】

谄媚逢迎像九尾狐，花言巧语像百舌鸟，可悲呀，堂堂七尺男儿竟有这样的行径；暴戾如同三足虎，恶毒好比两头蛇，可惜呀，人的心地已如此败坏！

到处伛偻①，笑伊首②何仇于天？何亲于地？终朝筹算，问尔心何轻于命？何重于财？

【注释】

①伛偻（yǔ lǚ）：本指人弯腰驼背，此处引申为点头哈腰、低三下四地逢迎他人。②伊首：即他的头。伊，他。首，头。

【译文】

到处卑躬屈膝低三下四地逢迎他人，可笑你的头和天有仇吗？又和地有亲吗？整天都在谋划算计，问问你的心为什么这样轻视生命？而又为何如此看重钱财？

富儿因求宦①倾资②，污吏以黩货③失职。

【注释】

①求宦：求取官职。②资：钱财，家产。③黩货：贪污受贿。

【译文】

富家子弟因求取官位而倾家荡产，贪污的官吏因收受贿赂而丢掉官职。

亲兄弟析箸①，璧合②翻作瓜分③；士大夫爱钱，书香化为铜臭。

【注释】

①析箸：即分家。箸，筷子。②璧合：两璧相合，比喻美好的事物或人才结合在一起。③瓜分：如同切瓜一样分割或分配。

【译文】

亲兄弟因不和睦而分家，曾经美好和睦的家庭像瓜被切开一样，变得四分五裂；读书人爱钱，那么读书修身的高雅书香之气就沦为追逐钱财的铜臭味。

士大夫当为子孙造福，不当为子孙求福。谨家规，崇简朴，教耕读，积阴德①，此造福也。广田宅，结姻缘，争什一②，鬻③功名，此求福也。造福者澹④而长，求福者浓而短。

【注释】

①阴德：指在人世间所做的而在阴间可以记功的好事，此处可泛指德行。②争什一：即盘剥百姓。什一，古代赋税制度，十分税一，称“什一”。此处“什一”或代指田租。③鬻（yù）：卖。此处泛指买卖。④澹（dàn）：恬淡，清淡。

【译文】

士大夫要为子孙营造福祉，而不是为子孙祈求福祉。家规严谨，崇尚简朴，教导子孙耕田读书，积德行善，这就是营造福祉。广置土地房屋，与权贵攀亲结缘拉拢关系，盘剥百姓，买卖功名，这就是祈求福祉。营造福祉的做法虽平淡但长久，祈求福祉的方法虽然福气浓郁却很短暂。

士大夫当为此生惜名，不当为此生市名[①]。敦诗书，尚气节，慎取与，谨威仪，此惜名也。竞标榜，邀权贵，务矫激[②]，习模棱[③]，此市名也。惜名者，静而休[④]；市名者，躁而拙。士大夫当为一家用财，不当为一家伤财。济宗党[⑤]，广束修[⑥]，救荒歉，助义举，此用财也。靡[⑦]苑囿[⑧]，教歌舞，奢燕会，聚宝玩，此伤财也。用财者，损而盈；伤财者，满而覆[⑨]。

传统文化小知识

岁寒三友

岁寒三友指的是松、竹、梅，语出宋·林景熙《王云梅舍记》：“即其居累土为山，种梅百本，与乔松、修篁为岁寒友。”冬天时节，天寒地冻，唯有松、竹经冬不凋，梅耐寒开花，一片生机勃勃之象。另外，松树被赋予坚强不屈的品质，竹被当作高雅、有节气的象征，梅有超凡脱俗、卓尔不群的气度，因而，松、竹、梅受到人们的喜爱。

【注释】

①市名：求取名声。②矫激：奇怪偏激，违背常情。③模棱：遇事不置可否，态度含糊。④休：吉庆，美善，有福气。⑤宗党：宗族，乡党。即家族内的成员和家族外的乡亲。⑥束修：即干肉，古代入学敬师的礼物，或指学生致送教师的酬金。此处泛指教育。⑦靡：浪费，奢侈。⑧苑囿：园林。⑨覆：倾倒，败，灭。

【译文】

士大夫要为自己的一生爱惜自己的名声，不应为这一生求取名声。研习诗书，崇尚气节，谨慎取予，仪表严肃，这就是爱惜名声。相互竞争标榜，攀附权贵，行为偏激，不分是非，这就是求取名声。爱惜名声的人，清静无为而有福气；求取名声的人，急躁而拙劣。所以士大夫要为家族管理钱财并用于正当途径，而不是浪费金钱。救济宗族乡亲，聘请老师教学，赈济荒年歉收的百姓，扶助合乎道义的行为，这些是合理运用钱财。而花钱修建庭园，沉迷歌舞，奢侈地大宴宾客，积聚宝物珍玩，这些都是浪费金钱的行为。合理使用金钱的人，虽然也会花钱但家财却总是收获丰盈的；浪费钱财的人，尽管家财积聚得满满的，但终将会被败光。

士大夫当为天下养身，不当为天下惜身。省嗜欲，减思虑，戒忿怒，节饮食，此养身也。规①利害②，避劳怨，营③窟宅④，守妻子，此惜身也。养身者，啬⑤而大；惜身者，膻⑥而细。

【注释】

①规：谋划，谋求。②利害：此处指利益。③营：营造，营建。④窟宅：人住的窑洞，代指房屋。⑤啬（sè）：小气，该用的财务舍不得用。

⑥膻（shān）：膻腥之味，比喻俗气。

【译文】

士大夫应为天下苍生养身，而不应当为天下苍生惜身。减少不良的嗜好和欲念，减少烦恼忧虑，抑制愤怒，节制饮食，这就是养身。计较得失利益，规避辛劳哀怨，营造住宅房舍，守护自己的妻子儿女，这就是惜身。养身的人，虽然看似对自己和家人小气，但是品行很大气；惜身的人，就显得俗气而且人格渺小。

处事类

本章主要讲的是人们在处理事务时应遵循的原则和需要注意的地方。编者认为这首先需要内心正直、诚实，有责任感，做事要坚持原则，认真尽自己的责任和义务，还要反思自己的缺点和不足，以便取得进步。其次，处理日常事务时，要保持内心的镇定平和、谨慎果断，切忌心慌着急、粗心懈怠。最后，做事应有始有终、循序渐进。

处难处之事愈宜宽，处难处之人愈宜厚，处至急之事愈宜缓，处至大之事愈宜平，处疑难之际愈宜无意①。

【注释】

①无意：即不存在个人成见或偏见。

【译文】

处理难以处理的事更加需要舒缓，对待难以相处的人更加需要宽厚，处置非常紧急的事情更加需要从容，处理至关重大的事情更加需要心平气和，处于疑虑困惑之时更加需要消除内心的偏见。

无事时，常照管①此心，兢兢然②若有事；有事时，却放下此心，坦坦然若无事。无事如有事，提防才可弭③意外之变；有事如无事，镇定方可消局中之危。

【注释】

①照管：照看管理。②兢兢然：小心谨慎的样子。③弭（mǐ）：平息，消除。

【译文】

没有事情的时候，需要常常照看管理自己的内心，就像有事一样小心谨慎；有了事情的时候，却要将自己的心放下，要像没事一样泰然自得。没有事情的时候像有事一样，这样小心提防才可以平息意想不到的变故；有了事情的时候像没事一样，如此镇定才能消除形势中的危机。

当平常之日，应小事宜以应大事之心应之。盖天理无小，即目前观之，便有一个邪正，不可忽慢[①]苟简[②]，须审理之邪正以应之方可。及变故之来，处大事宜以处小事之心处之。盖人事虽大，自天理观之，只有一个是非，不可惊慌失措，但凭理之是非以处之便得。

【注释】

①忽慢：轻慢。③苟简：草率而简略。

【译文】

在平安无事的日子里，对待小的事情应当用对待大事一样慎重的态度去对待。因为天地间的道理不分大小，从眼前来看，都有一个邪恶和正当的界限，不能疏忽怠慢，草率敷衍，必须辨明道理的邪恶和正当而后才开始处理。等到意外事故发生时，处理大的事情需要用处理小事一样平静的心态去处理。因为人世间的事情虽然很大，但从天地间的道理看，只有一个正确和错误的区别，不能惊恐慌张，失了主意，只要根据道理的正确和错误去处理就行了。

缓事宜急干，敏[①]则有功；急事宜缓办，忙则多错。

【注释】

①敏：迅速。

【译文】

对舒缓的事情应当急速解决，因为这类事情往往迅速去做才能获得成功；对急迫的事情应沉稳处理，因为这类事情往往会因急躁忙乱而漏洞百出。

不自反①者，看不出一身病痛；不耐烦者，做不成一件事业。

【注释】

①自反：自我反省。

【译文】

不能检查反省自己的人，看不出自己的一身毛病；不能耐心忍受麻烦的人，做不成一件大事业。

日日行，不怕千万里；常常做，不怕千万事。

【译文】

天天向前走，不怕有千里万里的路；常常动手做，不怕有千件万件的事。

必有容，德乃大；必有忍，事乃济①。

【注释】

①济：渡过，此处引申为成功。

【译文】

必须有宽容的雅量，如此方可有高尚的品德；必须有忍耐的心性，如此事业才能成功。

过去事丢得一节是一节。现在事了得一节是一节。未来事省得一节是一节。

【译文】

已往的事，能忘一件是一件。现在的事情，完成一件是一件。未来的事情，能少一件是一件。

强不知以为知，此乃大愚；本无事而生事，是谓薄福。

【译文】

明明不知道非要装作知道，这是最大的愚蠢；本来没事而非要自寻烦恼，这是命中福缘浅薄。

传统文化小知识

格物致知

“格物致知”是古代哲学中关于认识论的命题，语出《礼记·大学》：“致知在格物。”这里并未对“格物致知”作具体阐释，使得宋代及以后的儒者对“格物致知”的含义产生了争议。宋代朱熹将“物”解释为“天下之物”，认为“格物致知”是通过究察事理获得知识。明代王守仁反对朱熹的“即物穷理”，是认为可将“格物致知”说成“致知格物”，也就是“致吾心之良知于事事物物也”。

居处[①]必先精勤，乃能闲暇；凡事务求停妥[②]，然后逍遥。

【注释】

①居处：指日常生活。②停妥：停当妥帖，即事情处理得恰到好处。

【译文】

在日常生活中必须先刻苦勤奋，之后才能有闲暇；一切事务都能处理得恰到好处，之后才能逍遥自在。

天下最有受用[①]，是一闲字，然闲字要从勤中得来；天下最讨便宜，是一勤字，然勤字要从闲中做出。

【注释】

①受用：舒服，舒适。

【译文】

天下最舒适的，是一个“闲”字，但是闲适要从辛勤中得到；天下最得便宜的，是一个“勤”字，然而勤奋是从闲暇中做出来的。

自己做事，切须不可迂滞[①]，不可反复，不可琐碎。代人做事，极要耐得迂滞，耐得反复，耐得琐碎。

【注释】

①迂滞：迂腐固执。

【译文】

为自己做事，切记不可迂腐固执，不可反复无常，不可细微琐碎。替别人做事，必须忍耐得了他人的迂腐固执，忍受得了他人的反复无常，忍受得了他人的细微琐碎。

谋人事如己事，而后虑之也审；谋己事如人事，而后见之也明。

【译文】

在谋划别人的事时好像在谋划自己的事，这样思虑才能周全；在谋划自己的事时如同谋划别人的事，这样才能看清一切。

无心者公，无我者明。

【译文】

心中没有成见的人处事公平公正，心中没有自我和私心的人做事光明正大。

置其身于是非之外，而后可以折是非之中；置其身于利害之外，而后可以观利害之变。

【译文】

将自己置身于是非之外，评断是非才能客观；将自己置身于利害之外，才能看清利害纷争的变化与关键。

任事者，当置身利害之外；建言者，当设身利害之中。

【译文】

当事人应置身于利害纷争之外；提出倡议的人则应设想自己身处利害纷争之中。

无事时，戒一偷字；有事时，戒一乱字。

【译文】

没事的时候，要戒掉偷懒的坏习惯；有事的时候，要戒掉慌乱的坏习惯。

〖读·品·悟〗

凡事预则立，不预则废。因循度日、安逸享乐不但会消磨人的意志，使人养成懒惰的毛病，更会让人的能力、智慧下降，心理承受力变薄弱。防患于未然，常常保持警觉心，可以从容调整预备，弥补不足，更能充实自己，深思远虑，提高应对突发事件的能力。日日这样充分准备，真正有事情发生的时候，就可以做到忙而不乱，条理清晰，井然有序。

将事而能弭，遇事而能救，既事而能挽，此之谓达权①，此之谓才；未事而知来，始事而知终，定事而知变，此之谓长虑，此之谓识。

【注释】

①达权：通晓权宜，随机应变。

【译文】

将要发生的事能消除，遇到正在发生的事情能及时补救，事情发生后能挽救，这叫作通晓权宜、随机应变，这才是才能；事情还未发生就能知道将要发生的变化，事情刚开始做便能预见最终的结果，已确定的事能知晓其中的变化，这叫作深谋远虑，这才是有见识。

提得起，放得下；算得到，做得完；看得破，撇得开。

【译文】

做事既要承担得起，也要懂得当止则止；既要谋划周全，也要有始有终；既能看透本质，也要该放手就放手。

救已败之事者，如驭临崖之马，休轻策一鞭；图垂成之功者，如挽上滩之舟，莫少停一棹①。

【注释】

①棹（zhào）：划船的一种工具，形状和桨差不多。

【译文】

挽救已经失败的事，就好像驾驭跑到悬崖边的马，不能轻抽一鞭；谋划即将成功的事，就好像拉已经上了沙滩的船，不能少划一桨。

以真实肝胆待人，事虽未成功，日后人必见我之肝胆；以诈伪心肠处事，人即一时受惑，日后人必见我之心肠。

【译文】

用真心实意对待他人，就算事情没有办成功，但以后的日子里他人必定能体会到我的诚意；用欺诈的心肠处理事情，别人即使一时间受到迷惑，但过后别人必然能发现我的虚伪狡诈。

天下无不可化之人，但恐诚心未至；天下无不可为之事，只怕立志不坚。

【译文】

天下没有不能感化的人，就怕心不够至诚；天下没有不能干成的事，就怕立志不够坚定。

处人不可任己意，要悉人之情；处事不可任己见，要悉事之理。

【译文】

与人相处不能事事都顺着自己的意愿，要洞悉其中的世俗人情；处理事情也不能固执地坚持己见，要明白其中处理事情的道理。

见事贵乎理明，处事贵乎公心。

【译文】

看待事物最重要的是明白其中的道理，处理事情最重要的在于内心公平。

于天理汲汲①者，于人欲必淡。于私事耽耽②者，于公务必疏。于虚文③熠熠④者，于本实必薄。

【注释】

①汲汲：心情急迫的样子，此处引申为急切追求。②耽耽：威严注视的样子，此处引申为专注。③虚文：空洞的文字，空话。④熠（yì）熠：鲜明、闪烁的样子，此处引申为精心修饰。

【译文】

急切追求天地至理的人，对凡俗的欲望必定淡薄。专注于私事的人，处理公务必然粗心。对空洞的言辞精心修饰的人，本质上必定是个浅薄的人。

君子当事，则小人皆为君子，至此不为君子，真小人也；小人当事，则中人皆为小人，至此不为小人，真君子也。

【译文】

如果君子掌权临事，那么连小人都能变为君子，处在这种情况下还不能成为君子的，那就是货真价实的小人了；如果是小人弄权擅事，那么一般人也都会沦为小人，处在这种局面下仍然不会沦为小人的，那就是真正的君子了。

居官先厚民风，处事先求大体。

【译文】

当官从政首先要使民风民俗敦厚，处理事务首先要能总览全局。

论人当节取其长，曲谅①其短；做事必先审其害，后计其利。

【注释】

①曲谅：掩饰，谅解。

【译文】

评论他人应该充分肯定他人的长处，宽容地谅解他人的短处；办理事务应该首先弄清它的害处，然后再计较它带来的利益。

小人处事，于利合者为利，于利背者为害；君子处事，于义合者为利，于义背者为害。

【译文】

小人办事，处理的原则是私利，合于私利的就看作利，违背私利的就看作害；君子办事，衡量的标准是道义，合于道义的就看作利，违反道义的就看作害。

只人情世故[1]熟了，甚么大事做不到？只天理人心合了，甚么好事做不成？只一事不留心，便有一事不得其理。只一物不留心，便有一物不得其所。

【注释】

①人情世故：为人处世的道理。

【译文】

只要熟悉了为人处世的道理，还有什么大事做不到呢？只要上合天理下合人心，还有什么好事办不成呢？如果对某一件事不留心，那么这件事情就得不到应有的处理。如果对某一事物不留心，那么这个事物就得不到合理的安排。

事到手，且莫急，便要缓缓想；想得时，切莫缓，便要急急行。

【译文】

对于手中紧急待办的事情，千万不要急躁，而应沉下心，谨慎周密地思考斟酌；对于已经考虑成熟的问题，千万不要延缓，而应横下心，果决快速地去解决。

事有机缘[1]，不先不后，刚刚凑巧；命若蹭蹬[2]，走来走去，步步踏空。

【注释】

①机缘：机会和缘分，也指时机、机遇。②蹭蹬：倒霉，不顺。

【译文】

做成一件事要有机缘，抓住机遇，既不早也不晚，刚好赶上；如果时运不济，抓不住机会，那么忙来忙去，也一事无成。

接物类

本章主要讲的是与他人相处时需要遵循的原则以及应当注意的问题。与“敦品类”侧重讲处事中应保持的原则和方法相比，本章侧重于细节上的指导和告诫。编者提醒我们，与人相处时要有宽宏大量的气度，也要时刻保持谦虚谨慎的态度，同时还要克制自己的欲望，经常自我反省。本章告诉人们在为人处世时既要坚持原则，也要合乎人情；在知人识人上，尽量选择君子做朋友，但也不应过分痛恨小人。

事属暧昧[1]，要思回护[2]他，著不得一点攻讦的念头；人属寒微，要思矜礼他，著不得一毫傲睨[3]的气象。

【注释】

①暧昧：隐私，不便公之于众的事情。②回护：袒护，庇护。③傲睨（nì）：不用正眼看，指傲慢轻视。睨，斜视。

【译文】

对待他人的隐私之事，要想着替他袒护，而不应有一星半点儿的揭发指责的念头；对待贫寒而低微的人，要想着怜悯礼遇他，而不应有一丝一毫的傲慢轻视的神态。

凡一事而关人终身，纵确见实闻，不可著口；凡一语而伤我长厚[1]，虽闲谈酒谑[2]，慎勿形言。

【注释】

①长厚：朴实敦厚。②谑：玩笑，开玩笑。

【译文】

凡是关系到他人终身命运的事，即使是亲历的真实见闻，也不应开口乱讲；凡是能损伤自己朴实敦厚的话，即便是喝酒闲聊时的笑谈，也坚决不能说。

严著此心以拒外诱，须如一团烈火，遇物即烧；宽著此心以待同群，须如一片阳春，无人不暖。

【译文】

用思想严峻警觉来抵御外物的引诱腐蚀，就像一团烈火，遇到外物引诱就立刻将其烧掉；以心地宽容和善来对待同伴，就像明媚的春天一样，带给每一个人温暖。

待己当从无过中求有过，非独进德，亦且免患；待人当于有过中求无过，非但存厚，亦且解怨。

【译文】

对待自己应该从没有过错里寻找缺漏过失，这样不仅能提高自己的思想道德，而且能使自己消除灾祸隐患；对待别人应该从过失里寻找无过之处，这样不仅能培养自己的宽厚心地，而且能消除彼此间的怨恨隔阂。

事后而议人得失，吹毛索垢①，不肯丝毫放宽，试思己当其局，未必能效彼万一；旁观而论人短长，抉隐摘微②，不留些须余地，试思己受其毁③，未必能安意④顺承⑤。

【注释】

①吹毛索垢：吹毛求疵，比喻故意挑剔别人的缺点，寻找差错。②抉隐摘微：故意寻找别人细小的错误，即苛求他人。抉，挑选，挑剔。摘，选取，摘取。③毁：诋毁，诽谤，说别人坏话。④安意：内心平静。⑤顺承：顺从接受。

【译文】

事情结束之后，议论他人得失，吹毛求疵，常常是言词峻切，没有丝毫的宽容，这是不对的，试想如果自己处于当时的情形，可能未必做到他人的万分之一；坐视旁观，妄评他人短长，苛求他人，常常是宏论滔滔，不留丝毫余地，这也是不对的，试想如果自己受到这样的诋毁，可能未必做到他人那样心平气和地接受。

〖读·品·悟〗

人世间的很多事情，看起来简单，做起来艰难。而对于进德修业的道德事业，举步尤为艰难，即使一个世俗间看来非常简单的事情，在道德事业里边，也是非常艰难的。因为这是在逆行而变，是善举，“为善如负重登山，志虽已确，而力犹恐不及”，所以尤为艰难。世俗间的事，很多是离道失德的，“为恶如乘骏走坂，鞭虽不加，而足不禁其前”，恶举办起来顺应了历史的浪潮，所以更容易成功。这就应了那句话，“人间正道是沧桑”。

遇事只一味镇定从容，虽纷若乱丝，终当就绪①；待人无半毫矫伪欺诈，纵狡如山鬼，亦自献诚。

【注释】

①就绪：一切安排妥当。

【译文】

遇到事情只要能镇定从容，即使局面像乱丝般纷繁复杂，最终一切也能安排妥当；对待他人没有半点儿伪诈和欺瞒，纵然对方像山里的精灵一样狡黠，最终也会被感化主动拿出诚意的。

公生明，诚生明，从容生明。

【译文】

公正使人清明，诚恳使人清明，从容自若使人清明。

人好刚，我以柔胜之。人用术，我以诚感之。人使气，我以理屈之。

【译文】

别人刚强好胜，我用柔弱退让战胜他。别人要弄计谋，我以诚恳感动他。别人意气用事，我用道理说服他。

柔能制刚，遇赤子①而贲育②失其勇；讷能屈辩③，逢④喑⑤者而仪秦⑥拙于词。

【注释】

①赤子：婴儿。②贲育：战国时勇士孟贲和夏育的并称，泛指勇士。③讷（nè）能屈辩：木讷少言可以战胜能言善辩。讷，木讷，语言迟钝。辩，能言善辩。④逢：遇到。⑤喑（yīn)：哑，不能说话，也有沉默不语的意思。⑥仪秦：指战国时辩士张仪和苏秦，泛指能言善辩的人。

【译文】

柔弱能克制刚强，遇到柔弱的婴儿，即使是孟贲和夏育那样的勇士也会失去他们的刚强和勇猛；木讷少言可以战胜能言善辩，遇到不能说话的哑巴，即使是张仪和苏秦那样的辩士也无言以对。

困天下之智者，不在智而在愚。穷天下之辩者，不在辩而在讷。伏天下之勇者，不在勇而在怯。

【译文】

使天下有智慧的人感到困扰的，不在于聪明智慧而在于质朴憨厚。使天下雄辩之人理屈词穷的，不在于善辩而在于木讷少言。使天下刚强勇猛的人折服的，不在于勇猛而在于怯懦。

以耐事，了天下之多事；以无心，息天下之争心。

【译文】

用忍耐可以了却天下的很多麻烦事；用不争的心可以平息天下相争的心。

何以息谤？曰无辩；何以止怨？曰不争。

【译文】

如何制止毁谤？不去辩白就可以；如何消除怨恨？不去与人争辩即可。

人之谤我也，与其能辩，不如能容；人之侮我也，与其能防，不如能化。

【译文】

别人诽谤我，与其和他辩解，不如宽容他；别人欺侮我，与其小心提防，不如主动化解彼此间的怨恨。

是非窝里，人用口，我用耳；热闹场中，人向前，我落后。

【译文】

身处是非圈子里，人家用嘴说，我用耳朵听；在热闹场合中，人家争先向前，我宁愿退后。

观世间极恶事，则一咎[①]一慝[②]，尽可优容[③]；念古来极冤人，则一毁一辱，何须计较。彼[④]之理是，我之理非，我让之；彼之理非，我之理是，我容之。

【注释】

①咎：过失，罪过。②慝（tè）：奸邪，邪恶。③优容：宽待，宽容。④彼：他，对方。

【译文】

看人世间那些最丑恶的事，也就是罪过和邪恶，这些其实都是可以宽容的；想想自古以来那些蒙受巨大冤屈的人，他们所遭受的不外乎是诋毁和侮辱，又有什么好计较的呢？他有理，我无理，我就让他；他无理，我有理，我就容忍他。

能容小人，是大人；能培薄德，是厚德。

【译文】

能容忍小人，就是胸怀宽大的人；能从小事培养起来的德行，便是高尚深厚的德行。

我不识何等为君子，但看每事肯吃亏的便是；我不识何等为小人，但看每事好便宜的便是。

【译文】

我不知道什么样的人是君子，只要看每件事肯吃亏的人便是君子；我不知道什么样的人是小人，只要看每件事好占便宜的人即是小人。

律身[①]惟廉为宜，处事以退为尚。

【注释】

①律身：即律己。律，约束。

【译文】

自律只有廉洁最适宜，处事以不争先为最好。

以仁义存心，以勤俭作家，以忍让接物。

【译文】

心中充满仁义，持家要勤俭，用宽容忍让的态度待人接物。

径路窄处，留一步与人行；滋味浓底，减三分与人尝。任难任之事，要有力而无气；处难处之人，要有知而无言。

【译文】

路窄的地方，要留出一步让别人通过；美味佳肴，要留一些让别人品尝。负责处理困难的事情，要有力量而没有怨气；与难以相处的人在一起，要心中有数而口中不说。

穷寇[1]不可追也，遁辞[2]不可攻也，贫民不可威也。

【注释】

①穷寇：走投无路的贼寇，泛指残敌。②遁辞：因故意躲闪或掩饰错误，或者理屈词穷、不愿意以真意告诉他人时，用来搪塞的话。

【译文】

对穷途末路的敌人不可以继续追击，对搪塞掩饰隐约其辞的话不可指责批评，对贫苦百姓不要施威欺压。

祸莫大于不仇人，而有仇人之辞色；耻莫大于不恩人，而作恩人之状态。

【译文】

最大的祸患是和他人没仇，却显示出一副仇人似的语气和神色；最大的羞耻是没有施恩于他人，却做出一副恩人似的姿态。

善用威者不轻怒，善用恩者不妄施。

【译文】

善于使用威严态度的人不轻易发怒，善于施予恩惠的人不乱施恩惠。

宽厚者，毋使人有所恃；精明者，不使人无所容。

【译文】

宽厚的人，不使别人有所倚仗；精明的人，不使别人无地自容。

事有知其当变，而不得不因[①]者，善救之而已矣；人有知其当退[②]，而不得不用者，善驭[③]之而已矣。

【注释】

①因：依，顺着。②退：退出，离开。③驭：统率，控制。

【译文】

知道事情要变化而不得不顺其变化时，这是善于挽救罢了；知道某人该退隐却不得不任用他时，这是善于控制罢了。

轻信轻发，听言之大戒也；愈激愈厉[①]，责善[②]之大戒也。

【注释】

①愈激愈厉：越激发鼓励越要求严格苛刻。激，激发勉励。厉，严格。②责善：劝勉从善。

【译文】

轻易相信别人的话，轻易发怒，这是听别人讲话时最应该注意的问题；越激励越是苛刻，这是劝别人从善时最应该注意的问题。

处事须留余地，责善切戒尽言。

【译文】

处理事情应当留有余地，劝勉从善务必防止把话说绝。

施在我有余之惠，则可以广德[1]；留在人不尽之情，则可以全交[2]。

【注释】

①广德：广修德行。②全交：保全友谊、友情。

【译文】

尽自己所能施给别人恩惠，就可以借此广修德行；尽量给他人留有情面，就可以保全朋友间的友谊。

古人爱人之意多，故人易于改过，而视我[1]也常亲，我之教益易行；今人恶人之意多，故人甘于自弃[2]，而视我也常仇，我之言必不入。

【注释】

①我：指教导他人的人。②甘于自弃：宁愿不求上进。自弃，自甘落后，不求上进。

【译文】

古人对别人多持友爱诚挚之情，所以人们容易改正过错，并且以一片赤诚友爱之心对待教导者，因此，教导者的教诲规劝就更加容易推行；今人对别人常怀厌恶猜疑之心，所以人们宁愿不求上进、自暴自弃，而且以一种敌视提防之意对待教导者，因此，教导者的批评引导就很难进行下去。

喜闻人过，不若喜闻己过；乐道己善，何如乐道人善。

【译文】

喜欢听到别人的缺点和过错，不如喜欢听到对自己过失的批评；乐于夸赞自己的优点和长处，还不如乐于对别人的优点和长处进行表彰宣扬。

听其言，必观其行，是取人之道；师[1]其言，不问其行，是取善之方。

【注释】

①师：效法，学习。

【译文】

听一个人说话，还要观察他的实际行为，这是选用人才的正确方法；只效法他所说的内容，不过问他的实际行为如何，这是向他人学习优点的正确方法。

论人之非，当原其心[1]，不可徒泥其迹；取人之善，当据其迹，不必深究其心。

【注释】

①原其心：探求他的本意。原，推原，探究。

【译文】

评论别人的过错，应当探讨他的本意，不能只拘泥于他的行为本身；学习别人的善行，应当根据他的实际行为，没有必要探究他的本意。

小人亦有好处，不可恶其人，并没其是；君子亦有过差，不可好其人，并饰其非。

【译文】

小人也有其长处，不能因为厌恶这个人就连同他的长处一起埋没；君子也有过失，不能因为喜欢这个人而掩饰他的缺点。

小人固当远，然断不可显为仇敌；君子固当亲，然亦不可曲为附和①。

【注释】

①曲为附和：委曲自己的意愿而应和别人。曲，曲意，委曲自己的意愿而奉承别人。附和，对别人的言行随声附和。

【译文】

小人固然应当远离，但断然不可树为仇敌；君子固然应当亲近，但也不能曲意逢迎随声附和。

传统文化小知识

三教九流

“三教”指儒教、道教、佛教。“九流”最早出现在《汉书·艺文志》中，指儒家、道家、阴阳家、法家、名家、墨家、纵横家、杂家、农家。后来“三教九流”泛指宗教、学术上的各种流派或社会上的各种行业。也用来泛指江湖上各种各样的人。

待小人宜宽，防小人宜严。

【译文】

对待小人应当宽容大度，防范小人应当严密谨慎。

闻恶不可遽[1]怒，恐为谗夫[2]泄忿[3]；闻善不可就亲，恐引奸人进身。

【注释】

①遽（jù）：马上。②谗夫：说坏话的人。③泄忿：发泄愤恨。

【译文】

听到坏人坏事，不能马上动怒，恐怕是喜欢说闲话的人故意在发泄自己的愤恨；听到好人好事，也不能马上和他亲近，恐怕会引来奸邪狡诈的人借机靠近。

先去私心，而后可以治公事；先平己见，而后可以听人言。

【译文】

先去除心中的私心欲念，然后才能处理公务；先去除自己心中的成见，然后才能听取别人的忠言。

修己以清心[1]为要，涉世[2]以慎言为先。

【注释】

①清心：心地宁静，无思无虑。②涉世：接触社会，经历世事。

【译文】

修养身心以心地宁静最为重要，经历世事以谨慎说话为首要。

恶莫大于纵己之欲，祸莫大于言人之非。

【译文】

最坏的行为莫过于放纵自己的欲望，而最大的祸害莫过于谈论别人的是非。

人生惟酒色机关，须百炼此身成铁汉；世上有是非门户，要三缄其口①学金人②。

【注释】

①三缄其口：封口三重，形容说话极其谨慎，不轻易开口。缄，封。②金人：铜铸的人像，代指说话谨慎的人。

【译文】

人生的路途布满酒色陷阱，要锻炼身心使自己成为不受诱惑的铁汉；而世界上有许许多多的是非纠纷，要像金人一般保持沉默，不轻易开口。

工于①论人者，察己常阔疏②；狃于③讦直④者，发言多弊病。

【注释】

①工于：长于，善于。②阔疏：粗疏，不周密，不细密。③狃（niǔ）于：拘泥于，习惯于。④讦（jié）直：不留情面地攻击他人的

缺点和过失。

【译文】

善于论说别人长短的人，反省自己的行为时常常粗疏大意；习惯攻击别人的人，所说的话常常错误很多。

人情每见一人，始以为可亲，久而厌生，又以为可恶，非明于理而复体以情，未有不割席①者；人情每处一境，始以为甚乐，久而厌生，又以为甚苦，非平其心而复济之以养，未有不思迁②者。

【注释】

①割席：把坐席割开，后指朋友之间断交。②迁：搬迁，住所另换地点。

【译文】

人之常情往往如此，每见到一个人，刚开始觉得亲近，时间久了就会产生厌烦之感，又会觉得此人令人厌恶，除非能明事理而又能体察人情的人，否则没有不断交的；人之常情又往往是这样，每到新的环境，开始觉得很快乐，时间久了就会产生厌烦之感，又会觉得处境令人苦闷，除非心平气和而又能有所修养的人，否则没有不想搬走的。

观富贵人，当观其气概，如温厚和平者，则其荣必久，而其后必昌；观贫贱人，当观其度量，如宽宏坦荡者，则其福必臻①，而其家必裕②。

【注释】

①臻：到，到来。②裕：富裕，富足。

【译文】

观察富贵的人，应与观察他的气度，如果性情敦厚平和，他的荣华富贵必定能长久，后代也必能昌盛；而观察贫贱的人，应观察他的度量，如果是宽宏大量、心胸坦荡的人，那他的福气必将来临，而家境也一定会富裕。

宽厚之人，吾师以养量。慎密之人，吾师以炼识①。慈惠之人，吾师以御下。俭约之人，吾师以居家。明道之人，吾师以生慧。质朴之人，吾师以藏拙。才智之人，吾师以应变。缄默之人，吾师以存神。谦恭善下之人，吾师以亲师友。博学强识之人，吾师以广见闻。

【注释】

①识：辨别是非的能力。

【译文】

宽宏大量的人，我要向他学习来培养自己的度量。谨慎周密的人，我要向他学习来锻炼自己辨别是非的能力。慈爱的人，我要向他学习来提升自己领导下属的能力。节俭的人，我要向他学习来培养自己持家的方法。明白事理的人，我要向他学习来增长自己的智慧。朴实的人，我要向他学习来培养自己谦虚不露。有才智的人，我要向他学习来培养自己应对变故的能力。沉默的人，我要向他学习以便存养精神。谦虚恭敬而善待下属的人，我要向他学习来亲近师友。博学多识的人，我要向他学习来使自己的见闻广博。

居[1]视其所亲，富视其所与，达视其所举，穷视其所不为，贫视其所不取。

【注释】

①居：平时。

【译文】

平时看他所亲近的是什么样的人，富贵时看他所施恩给予的是什么样的人，发达时看他所推举的都是什么样的人，穷困时看他所不去做的是什么事，贫穷时看他不会拿什么东西。

取人之直，恕其戆[1]。取人之朴，恕其愚。取人之介[2]，恕其隘[3]。取人之敬，恕其疏[4]。取人之辩，恕其肆。取人之信，恕其拘[5]。

【注释】

①戆（zhuàng）：憨厚而刚直。②介：耿直，刚直。③隘：狭隘，指人心胸气量狭小。④疏：疏远，不亲密。⑤拘：拘泥，谨慎。

【译文】

看重一个人的直率，就要宽恕他的憨厚。看重一个人的纯朴，就要宽恕他的愚钝。看重一个人的耿直，就要宽恕他的狭隘。看重一个人的恭敬，就要宽恕他的疏远、不亲密。看重一个人的辩才，就要宽恕他的放肆。看重一个人的诚信，就要宽恕他的拘谨。

遇刚鲠人，须耐他戾气[①]。遇骏逸[②]人，须耐他妄气。遇朴厚人，须耐他滞气[③]。遇佻达[④]人，须耐他浮气。

【注释】

①戾气：暴躁，乖张，此处指脾气暴躁强横。②骏逸：指超群洒脱的气概。③滞气：呆板，迟钝。④佻达：轻薄放荡，轻浮。

【译文】

遇到刚强耿直之人，要忍耐他的暴躁强横。遇到气度洒脱之人，要忍耐他的狂妄。遇到朴实厚道之人，要忍耐他的迟钝呆板。遇到轻薄放荡之人，要忍耐他的轻浮。

人褊急[①]，我受之以宽宏；人险仄[②]，我平之以坦荡。

【注释】

①褊（biǎn）急：气量狭小，脾气暴躁。②险仄：阴险邪恶。

【译文】

遇到狭隘急躁的人，我用宽宏大量来对待他；遇到阴险邪恶的人，我用坦荡的胸怀来感化他。

持身不可太皎洁，一切污辱垢秽，要茹纳得；处世不可太分明，一切贤愚好丑，要包容得。

【译文】

修身不能太洁白纯净，一切污秽丑恶都要能容纳得了；处事不能太过分明，一切贤能愚蠢、美好丑陋都要能包容得下。

宇宙之大，何物不有？使择物而取之，安得别立宇宙，置此所舍之物？人心之广，何人不容？使择人而好之，安有别个人心，复容所恶之人？

【译文】

世界之大，什么东西没有？假使只选取对自己有用的事物，难道还能另外建立一个世界，放置那些舍弃的东西吗？人心广大，什么人不能包容？假使只选择自己喜欢的人来亲近，难道还能有另外一颗心，来容纳那些自己厌恶的人吗？

德盛者，其心和平，见人皆可取，故口中所许可者众；德薄者，其心刻傲，见人皆可憎，故目中所鄙弃①者众。

【注释】

①鄙弃：轻视，因厌恶而嫌弃。

【译文】

道德高尚的人，他的性情平和，看见每个人都认为他们有可取之处，所以他的口中所赞许的人有许多；缺乏道德的人，他的性情尖刻狂傲，看见每个人都认为他们是可憎可恶的，所以他的眼里所鄙弃的人有许多。

律己宜带秋风，处世须带春风。

【译文】

约束自己要像秋风扫落叶一般严厉，与人相处要像春风般温暖和煦。

爱人而人不爱，敬人而人不敬，君子必自反也；爱人而人即爱，敬人而人即敬，君子益加谨也。

【译文】

爱护别人，但别人不爱护自己；敬重别人，但别人不敬重自己，此时，君子就一定会自我反省。爱护他人，而他人也爱护自己；敬重他人，而他人也敬重自己，此时，君子应更加谨慎。

人若近贤良，譬如纸一张，以纸包兰麝①，因香而得香。人若近邪友，譬如一支柳，以柳贯鱼鳖，因臭而得臭。

【注释】

①兰麝：兰与麝香，都是香料。

【译文】

人如果接近贤德之人，就如同一张白纸，用这张白纸包裹芝兰和麝香，纸就会因此而变得芳香。人假若接触邪恶的人，就好像一根柳条，用这根柳条来穿鱼鳖，柳条就会因此而变得腥臭。

人未己知，不可急求其知；人未己合，不可急与之合。

【译文】

别人不了解自己，不能急于让他了解自己；别人与自己合不来，不能急于和他结交为好友。

落落者①难合，一合便不可离；欣欣者②易亲，乍亲忽然成怨。

【注释】

①落落者：孤独的人。落落，孤独的样子，形容跟别人合不来。②欣欣者：爱说笑的人。欣欣，喜乐的样子。

【译文】

孤独的人难于和别人交往相处，但一旦结交，就情谊笃厚，永不分离；爱说笑的人容易和别人亲近，但刚刚亲近没多久，就骤然结怨，分道扬镳。

能媚我者，必能害我，宜加意防之；肯规予者，必肯助予，宜倾心①听之。

【注释】

①倾心：尽心，诚心诚意。

【译文】

向我讨好谄媚的人，一定也能加害于我，所以应特别留心防范他；

愿意规劝指教我的人，一定也愿意帮助我，所以应诚心诚意听从他的批评劝诫。

出一个大伤元气进士[①]，不如出一个能积阴德平民；交一个读破万卷邪士，不如交一个不识一字端人。

【注释】

①大伤元气进士：指德行卑劣的官员。大伤元气，指上天赋予的品德遭到破坏。进士，代指官员。

【译文】

出现一个德行卑劣的官员，不如出现一个能积德行善的平民百姓；与一个饱读诗书的奸邪之人相交好，不如结交一位虽不识字但品行端正的老实人。

无事[①]时，埋藏着许多小人；多事时，识破了许多君子。

【注释】

①无事：没有事故或麻烦。

【译文】

没有遇到麻烦的时候，人人都俨然是君子模样，而将小人之心藏而不露；有了麻烦之事，就能够识破很多伪君子。

一种人难悦亦难事，只是度量褊狭，不失为君子；一种人易事亦易悦，只是贪污软弱，不免为小人。

【译文】

有一种人，难以取悦他也难以和他相处，其实他只是度量狭小，但不失为君子；另一种人，容易共事也容易取悦他，但是其实他内心贪婪又性格软弱，仍免不了是个小人。

大恶多从柔处伏，慎防绵里之针[①]；深仇常自爱中来，宜防刀头之蜜。

【注释】

①绵里之针：即绵里藏针，比喻外表看似温柔软弱，实则内心狠毒强硬。

【译文】

大的罪恶多潜伏于柔软的地方，所以要谨慎防范像对待藏在棉被中的针一样。深仇大恨常因爱而产生，所以要小心防范像对待刀头上的蜜糖一样。

惠我者小恩，携我为善者大恩；害我者小仇，引我为不善者大仇。

【译文】

施惠给我的是小恩，能带领我行善的才是大恩；加害我的是小仇，引诱我做坏事的才是大仇。

毋受小人私惠，受则恩不可酬；毋犯士夫公怒，犯则怒不可救。

【译文】

不要接受小人的恩惠，一旦接受将难以回报；不要引起读书人的公愤，一旦触犯将无法平息。

喜时说尽知心，到失欢须防发泄；恼时说尽伤心，恐再好自觉羞惭。

【译文】

高兴的时候说尽知心话，交情破裂时要防止对方恶言相向地泄愤；生气恼怒时说尽伤人的话，恐怕和好时自己都觉得羞愧。

盛喜中勿许人物，盛怒中勿答人言。

【译文】

特别高兴的时候不要向别人许诺什么东西，特别愤怒的时候不要回应别人说的话。

顽石之中，良玉隐焉；寒灰之中，星火寓焉。

【译文】

顽劣的石头里可能有美玉隐藏其中；寒冷的灰烬中也许还有未熄灭的火星。

静坐常思己过，闲谈莫论人非。

【译文】

一个人独自静坐时，要经常反省自己的过错；和他人聊天儿闲谈时，不要议论他人的缺点和错误。

对痴人莫说梦话，防所误也；见短人莫说矮话，避所忌也。

【译文】

对执迷不悟的人不要说不可能的话，防止误导他；见到个子矮小的人不要说有关矮的话，以避开他的忌讳。

面谀①之词，有识者未必悦心；背后之议，受憾者②常至刻骨。

【注释】

①面谀：当面恭维奉承。②受憾者：受到议论而心怀怨恨的人。憾，怨恨。

【译文】

当面奉承人的话，有见识的人听起来不一定喜悦；在背后议论别人是非，会使被议论的人有刻骨铭心的怨恨。

攻人之恶毋太严，要思其堪受；教人以善毋过高，当使其可从。

【译文】

批评别人的过错不能太过分严苛，要考虑他的承受能力；劝人为善也不能要求太高，应当使他能够做得到。

互乡童子[①]则进之，开其善也；阙党童子[②]则抑之，勉其学也。

【注释】

①互乡童子：代指没有受到良好教育的学生。②阙党童子：代指受到良好教育的学生。

【译文】

对于没有受到良好教育的学生应教他们学习上进，开导他们行善积德；对于受到良好教育的学生应当抑制他们的骄傲自满之气，勉励他们努力学习。

不可无不可，一世之识；不可有不可，一人之心。

【译文】

不能认为没有什么不可为的，这是世间常识；不能认为有办不到的事，这是雄心壮志。

事有急之不白者，缓之或自明，毋急躁以速其戾；人有操[①]之不从者，纵之或自化，毋操切以益其顽。

【注释】

①操：控制，掌管。

【译文】

遇到事情急迫且不能明白的，缓一段时间或许就会明白了，不要急躁以免使问题加剧；遇到想管理的人而他却不服从的，放任他或许他自己就会省悟，不要太急于控制他以增加他的顽劣。

遇矜才者，毋以才相矜，但以愚敌其才，便可压倒；遇炫奇[①]者，毋以奇相炫，但以常敌其奇，便可破除。

【注释】

①炫奇：炫耀奇特。

【译文】

遇到自负自己才学的人，不要用才华与他相比，只要用愚笨的方法与他的才能抗衡，便可以压倒他；遇到爱炫耀奇特的人，不要用奇特的东西向他炫耀，只要用平常的东西来与他的新奇之物抗衡，便能消除他的炫耀之心。

传统文化小知识

结草衔环

“结草衔环” 是“结草”和“衔环”两个典故的合称，比喻受人恩惠，感恩戴德，至死不忘。

其中“结草”讲的是春秋时晋将魏颗救了父亲的宠妾祖姬一命，祖姬的父亲用野草结绳将秦将杜回绊倒，帮助魏颗打败秦军。“衔环”讲的是一个儿童救了一只黄雀，黄雀衔来四枚白环相报。

直道事人，虚衷御物[1]。

【注释】

①御物：驾驭万物。

【译文】

以坦诚直率之心待人，以虚怀无偏见之心驾驭万物。

不近人情，举足尽是危机；不体物情，一生俱成梦境。

【译文】

做事不合乎人情世故，必然像抬脚走路就遇到危险一样困难重重；不体会事物的情理，一生都会成为虚幻的梦境。

己性不可任，当用逆法制之，其道在一忍字；人性不可拂，当用顺法调之，其道在一恕[1]字。

【注释】

①恕：原谅，宽恕。

【译文】

对自身的性情不可放任，应当用违逆的方法来遏制它，这种方法的关键在于一个“忍”字；对世人的性情不可违背，应当用顺应的方法去调和它，这种方法的关键在于一个“恕”字。

仇莫深于不体人之私，而又苦之；祸莫大于不

讳人之短，而又讦之。

【译文】

仇恨莫过于不体谅别人的隐私苦衷，并且还挖苦他；灾祸莫过于不避忌别人的短处，而且还攻击他。

辱人以不堪①必反辱，伤人以已甚必反伤。

【注释】

①不堪：忍受不了。

【译文】

羞辱别人到了不堪忍受的地步，必定会使自身反受侮辱；伤害他人到了超过极限的程度，必定会使自己反遭伤害。

处富贵之时，要知贫贱的痛痒①；值少壮之日，须念衰老的辛酸。

【注释】

①痛痒：比喻疾苦。

【译文】

处在豪富高贵的时候，应了解贫穷卑贱之人的生活疾苦；处于年轻力壮的光景，应顾念年老体弱时的悲愁辛酸。

入安乐之场，当体患难人景况；居旁观之地，务悉①局内人②苦心。

【注释】

①悉：知道。②局内人：当事者。

【译文】

出入于安乐的环境，应当体谅别人在遭受苦难时的景况；处于一个旁观者的地位，务必知道当事者的苦心。

待人三自反，处世两如何①。

【注释】

①两如何：指对事物对立两面的终极追问，如追问富贵能如何，贫穷又能如何。然后得出结论，即无论处在事物哪面都各有痛苦和快乐。最终教人心态平和，顺从天命。

【译文】

对待他人要再三反省自己，面对世事要心态平和、仔细思量。

待富贵人，不难有礼而难有体；待贫贱人，不难有恩而难有礼。

【译文】

对待富贵的人，做到有礼并不难，难在做得得体；对待贫贱的人，不难做到有恩，难在做到有礼。

对愁人勿乐，对哭人勿笑，对失意人勿矜。

【译文】

面对忧愁的人不要显露出快乐，面对伤心哭泣的人不要展现出笑容，面对失意的人不要夸耀自己。

见人背语，勿倾耳窃听。入人私室，勿侧目旁观。到人案头，勿信手乱翻。

【译文】

看见有人背着自己说话，不要去侧耳偷听。进入别人的房内，不要东张西望。到别人书桌前，不要随便乱翻。

不蹈无人之室，不入有事之门，不处藏物之所。

【译文】

不走进没人的房间，不介入有是非的地方，不停留在贮藏物品的地方。

俗语近于市，纤语近于娼，诨语①近于优②。

【注释】

①诨语：开玩笑，诙谐可笑的话。②优：古代演戏的人。

【译文】

粗俗的话语像市井小人所说，纤细柔媚的话语像娼妓所说，诙谐可笑的话语像唱戏的人所说。

闻君子议论，如啜①苦茗，森严②之后，甘芳溢颊；闻小人谄笑，如嚼糖霜③，爽美之后，寒沍凝胸④。

【注释】

①啜：饮，吃。②森严：此处指苦涩的茶味。③糖霜：即糖。④寒沍（hù）凝胸：寒冷冻结郁积在胸中。沍，冻结。凝，郁积，凝结。

【译文】

听君子的议论，就像喝苦茶，苦涩之后，甘甜芳香充溢口颊；听到小人谄媚的赔笑声，像吃白糖一样，甘甜过后，寒冷的感觉郁积在胸中。

凡为外所胜者，皆内不足；凡为邪所夺者，皆正不足。

【译文】

凡是被外部原因战胜的，都是因为自身修养不足；凡是被奸邪所占有的，都是因为自身的正气不足。

存乎天者，于我无与也；穷通得丧，吾听之而已。存乎我者，于人无与也；毁誉是非，吾置之而已。

【译文】

由上天掌握的命运，我无法参与决定；穷困、通达、得到、失去，这一切我只能听凭安排罢了。我自己能掌握的事情，他人没法儿决定；诋毁、赞誉、正确、错误，我置之不理即可。

小人乐闻君子之过，君子耻闻小人之恶。

【译文】

小人喜欢听到君子的过错，君子则耻于听到小人所做的坏事。

慕人善者，勿问其所以善，恐拟议[①]之念生，而效法之念微矣；济人穷者，勿问其所以穷，恐憎恶之心生，而恻隐[②]之心泯矣。

【注释】

①拟议：行动之前的计划，筹划。②恻隐：怜悯。

【译文】

羡慕他人的善行，不要问他为什么要行善，以免只偏重行善前的谋划，而忽略了效法行善的念头；救济贫困的人，不要问他为什么贫困，以免厌恶感产生，而泯灭了怜悯同情之心。

时穷势蹙[①]之人，当原其初心；功成名立之士，当观其末路[②]。

【注释】

①穷、蹙：窘迫，困厄。②末路：下场，结局。

【译文】

处于穷困无势地位的人，应当探究还原他最初的志向；功成名就的人，应当观察他最终的结局。

踪多历乱，定有必不得已之私；言到支离[①]，才是无可奈何之处。

【注释】

①支离：支吾，说话吞吞吐吐，含糊不清。

【译文】

经历了许多挫折坎坷，一定有迫不得已的隐衷；话未说完而吞吞吐吐无法说下去，应该是遇到无可奈何的事情了。

惠不在大，在乎当厄。怨不在多，在乎伤心。

【译文】

恩惠不在于大小，而在于接受恩惠的人当时是否身处危境。怨恨不在多少，而在于是否刺痛彼此的内心。

【读·品·悟】

给予他人的恩惠并不在于大小多少，而在于其时候是否关键。假如对方危在旦夕，就需一口水而活命，那么惠及其一口水，就有极大的功德，这个功德胜过平常惠施很多钱财的功德。抱怨他人不在于多寡，在于其伤心之时再予附和，令对方雪上加霜不能忍受，那样的伤害很难修复，不可逆转。这两句话强调了一个关键内容，为善为恶，其时间点非常重要，善处世者，须善辨时，设身处世，通情达变，则为明智的君子。

毋以小嫌①疏至戚②，毋以新怨忘旧恩。

【注释】

①嫌：厌恶，不满。②至戚：最亲近的亲属，此处泛指亲友。

【译文】

不要因为一点儿小小的不满就疏远亲友，不要因为新近结下的怨恨就忘记了过去的恩情。

两惠无不释之怨，两求无不合之交，两怒无不成之祸。

【译文】

两人都对对方施以恩惠，就没有不可消释的怨恨；两人都追求和睦，就没有不能和好的友情；两人都迁怒于对方，就没有酿不成的祸患。

古之名望相近，则相得①；今之名望相近，则相妒。

【注释】

①相得：相处得很好。

【译文】

古时候名望相近的人能相处得很融洽，现今名望相近的人则相互妒忌。

齐家类

本章主要讲如何使家族兴旺和谐。整体上可以分成管理家庭内外事务和处理家庭成员之间的关系两个部分。编者认为，在管理家庭事务上，人们应勤俭持家，谨慎办事，严格约束家庭成员和家中的仆人；在处理家庭成员之间的关系上，人们要尊重自己的父母，处理兄弟关系时要多为对方以及整个家族着想，还要注重对子女“才”和“德”的教育，尤其是后者，如此才能使得整个家族和睦兴旺。

勤俭，治家[1]之本。和顺，齐家[2]之本。谨慎，保家之本。诗书，起家[3]之本。忠孝，传家[4]之本。

【注释】

①治家：持家，管理家事。②齐家：理顺家族成员之间的关系，使家族和睦团结。③起家：使家族兴旺。④传家：家族世代相传。

【译文】

勤劳俭朴，是管理家务的根本。和谐安顺，是促使家族和谐团结的根本。谨慎持重，是守护家业、保障家族平安的根本。诗书文章，是振兴家业使家族兴旺的根本。忠孝道德，是承袭家业世代相传的根本。

天下无不是底父母，世间最难得者兄弟。

【译文】

天下没有不对的父母，世间最难得的是自家兄弟。

以父母之心为心，天下无不友之兄弟。以祖宗之心为心，天下无不知之族人。以天地之心为心，天下无不爱之民物[1]。

【注释】

①民物：泛指人民和万物。

【译文】

用父母的慈爱之心对待手足，那么天下就不会有不友爱的兄弟了。用祖先的仁爱之心对待同宗，那么天下就不会有不和睦的宗族了。用天地的博爱之心对待别人，那么天下就不会有不值得敬爱的百姓和事物了。

人君以天地之心为心，人子以父母之心为心，天下无不一之心矣；臣工①以朝廷之事为事，奴仆以家主之事为事，天下无不一之事矣。

【注释】

①臣工：泛指大臣。

【译文】

国君用天地一样广博的襟怀对待百姓，子女用父母慈爱的心田对待别人，那么天下就没有难以统一的思想了；大臣把朝廷的事当成自己的事业，奴仆把主人的事当成自己的职责，那么天下就没有难于专一的事业了。

传统文化小知识

不食周粟

“不食周粟”出自《史记·伯夷列传》。孤竹君生前传位给次子叔齐，叔齐欲让位给兄长伯夷，没料两人互相谦让出走，竟路途相遇。于是投奔深得民心的西伯侯姬昌。周武王继位后，兴兵讨伐纣王，伯夷、叔齐认为这是不仁之战，以做发动不仁之战国家的臣民为耻，便隐居首阳山，拒吃周粮，以采野果维持生命。后来，“不食周粟”便被用作坚守节操、志向高洁之典。

孝莫辞劳，转眼便为人父母。善毋望报，回头但看尔子孙。子之孝，不如率妇以为孝，妇能养亲者也。公姑[1]得一孝妇，胜如得一孝子。妇之孝，不如导孙以为孝，孙能娱亲者也。祖父得一孝孙，又增一辈孝子。

【注释】

①公姑：即公婆。

【译文】

孝顺父母要不辞辛劳，因为转眼间自己也会为人父母。做好事不要期望回报，回头便可看到自己儿孙满堂，这是最大的回报。儿子孝顺不如带领媳妇一起孝顺，因为媳妇是实际上奉养双亲的人。公婆能得到一个孝顺的儿媳妇，胜过有一个孝顺的儿子。儿媳妇孝顺，不如教导孙子孝顺，因为孙子能娱乐祖父祖母。祖父祖母得到一个孝顺的孙子，等于又增添了一辈孝子。

父母所欲为者，我继述[1]之；父母所重念者，我亲厚之。

【注释】

①继述：继承。述，遵循。

【译文】

父母想做而没有完成的事，我要继承下来努力完成；父母深切惦念的人，我要亲近他们，厚待他们。

婚而论财，究[1]也夫妇之道丧；葬而求福，究也父子之恩绝。

【注释】

①究：终究，到底。

【译文】

婚嫁如讲究财礼的多少，夫妇之道最终也会丧失殆尽；丧葬如乞求福穴，父子的情分终究也会断绝。

君子有终身之丧，忌日是也；君子有百世之养，邱墓[1]是也。

【注释】

①邱墓：即坟墓。

【译文】

君子有终身服丧的那天，每年父母的忌日就是；君子遗留下来供后人世代祭享的，只是死后隆起的坟墓。

兄弟一块肉，妇人是刀锥；兄弟一釜羹，妇人是盐梅[1]。

【注释】

①盐梅：盐和梅子。盐味咸，梅味酸，都是调味的必需品。

【译文】

亲兄弟如同一块肉，而妻子是分割肉的刀子和利锥；兄弟同甘共苦如同一锅汤，而妻子正像是调汤味的盐和梅子。

兄弟和，其中自乐；子孙贤，此外何求！

【译文】

兄弟和睦，其中自有快乐；子孙贤良，此外还有何求！

心术不可得罪于天地，言行要留好样与儿孙。

【译文】

心术不可违背天地意志，言行举止要给子孙做榜样。

现在之福，积自祖宗者，不可不惜；将来之福，贻于子孙者，不可不培。现在之福如点灯，随点则随竭；将来之福如添油，愈添则愈明。

【译文】

现在所享的福泽，是祖宗积累下来的，不能不爱惜；将来的福泽，是留给子孙享用的，不能不好好培养。现在享受的福泽像点油灯，只要点亮就会消耗直至灯油枯竭；未来的福泽像是给油灯添油，越添油灯就会越明亮。

问祖宗之泽，吾享者是，当念积累之难；问子孙之福，吾贻者是，要思倾覆之易。

【译文】

问祖宗的福泽在哪里？我现在享受的就是，要体念当初祖宗积德的艰苦；问子孙的福泽在哪里？我所遗留的就是，要想到倾覆是很容易的。

要知前世因①，今生受者是；吾谓昨日以前，尔祖尔父，皆前世也。要知后世因，今生作者是；吾谓今日以后，尔子尔孙，皆后世也。

【注释】

①前世因：前世修下的因果报应。

【译文】

要想知道前世修下的因果报应，现在所承受的就是；我所说的前世是昨日以前，你的祖父、父亲都是所谓的前世。要知道后世的因果报应，现在正在做的事就是；我所说的后世是今日以后，你的儿子、孙子都是所谓的后世。

祖宗富贵，自诗书中来，子孙享富贵，则弃读书矣；祖宗家业，自勤俭中来，子孙享家业，则忘勤俭矣。

【译文】

祖宗的富贵从诗书中得来，子孙享受着富贵却抛弃了读书；祖宗的家业从勤俭中得来，子孙享受着祖先的产业而忘记了勤俭。

近处不能感动，未有能及远者。小处不能调理，未有能治大者。亲者不能联属①，未有能格疏②者。一家生理③不能全备④，未有能安养百姓者。一家子弟不率[5]规矩，未有能教诲他人者。

【注释】

①联属：联合。②格疏：管理关系疏远的人。格，纠正，此处引申为管理。疏，关系疏远的人。③生理：此处指生活所需。④备：具备，完备，齐全。⑤不率：不服从，不遵守。

【译文】

亲近的人不能受感动，就无法感化远方的人。小的事情不能管理好，就不能治理大事。家族亲人都不能联合，就更不能管理关系疏远的人了。一家的日常生活所需都不能齐备，就不能安抚、奉养百姓。家中的子弟不守规矩，就不能教诲他人。

至乐无如读书，至要莫如教子。

【译文】

最快乐的事莫过于读书，最重要的事莫过于教导子女。

【读·品·悟】

读书以修身，以明理，以启智，可以丰富自己，可以传播知识，可以服务人民，可以造福社会。教子以成人，以成材，以成事，可光宗耀祖，可传承子孙万代，可造就国家栋梁，可振兴民族千秋伟业。可见读书教子是何其重要，千古良训，谨记于心，便会少一些烦躁，多一些快慰，一心只读圣贤书，全意只为教子忙。

子弟有才，制其爱毋弛其诲，故不以骄败；子弟不肖[1]，严其诲毋薄其爱，故不以怨离。

【注释】

①不肖：没有出息。

【译文】

子女有才能，要抑制对他们的宠爱，而不放松对他们的教诲，所以子女才不会因骄傲而失败；子女没有出息，要严加教诲，而又不减少对他们的关爱，所以他们不会因心怀怨恨而远离。

雨泽过润，万物之灾也。恩崇过礼，臣妾之灾也。情爱过义，子孙之灾也。

【译文】

雨下得太多，就会成为万物的灾难。恩宠太多而超过了礼法，就是臣子和小妾的灾害。疼爱超过了道义的限制，则成为子孙的灾害。

安详恭敬，是教小儿第一法；公正严明，是做家长第一法。

【译文】

神情安详、态度恭敬，这是教导小孩子的首要原则；处事公正严明，这是做家长的首要方法。

人一心先无主宰，如何整理得一身正当？人一身先无规矩，如何调剂得一家肃穆？融[1]得性情上偏私[2]，便是大学问；消得家庭中嫌隙[3]，便是大经纶。

【注释】

①融：此处指消除。②偏私：袒护私情，不公正。③嫌隙：因猜疑或不满而产生的厌恶、仇怨。

【译文】

人的心中没有正确的观念作为主宰，如何使自己品行端正？人的身上没有正确的行为规范，如何把家治理得严肃庄重？能消除自身性情上的狭隘偏袒，便是大学问；能消除家庭中的隔阂仇怨，便是大才能。

遇朋友交游之失，宜剀切[1]，不宜游移[2]；处家庭骨肉之变，宜委曲，不宜激烈。

【注释】

①剀（kǎi）切：恳切规劝。②游移：犹豫不决。

【译文】

遇到朋友在交往过程中的失误，应当恳切规劝，而不应当犹豫不决；处理家庭亲人之间的变故，应当委婉平和地处理，不要激烈争执。

未有和气萃[1]焉，而家不吉昌者；未有戾气结焉，而家不衰败者。

【注释】

①萃：聚集。

【译文】

从来没有家庭气氛和睦，而家庭不吉祥昌盛的；从来没有家庭中暴戾之气聚集，而家庭不衰落败亡的。

闺门之内，不出戏言，则刑于之化[1]行矣；房帷之中，不闻戏笑，则相敬之风著矣。

【注释】

①刑于之化：指大丈夫不仅能以身作则，还能用道德、礼法来约束教导妻子。

【译文】

在家门之内，不说戏闹的轻薄话语，则用规范约束夫妻的礼法教化已然推行；在内室中，听不见轻薄调笑，则夫妻之间相敬如宾的家风已经形成。

人之于嫡室也，宜防其蔽子之过；人之于继室也，宜防其诬子之过。

【译文】

对于正室原配，应当防范她掩饰自己子女的过失；对于后娶的妻子，应当防范她诬赖正妻子女的过错。

仆虽能，不可使与内事；妻虽贤，不可使与外事。

【译文】

奴仆即使有才干，也不能让他介入家庭内部的事；妻子即使贤德，也不应让她参与家庭外部的事。

奴仆得罪于我者尚可恕，得罪于人者不可恕；子孙得罪于人者尚可恕，得罪于天者不可恕。

【译文】

家中奴仆得罪了我还可宽恕，如果得罪了外人，那就决不能宽恕；子孙得罪了别人还可宽恕，如果有损天理而获罪于天，那就决不可宽恕。

奴之不祥，莫大于传主人之谤语；主之不祥，莫大于信仆婢之谮言①。

【注释】

①谮（zèn）言：诬陷，说别人的坏话。

【译文】

奴仆的灾难，没有比跟别人说诽谤主人的话更大的了；主人的灾难，没有比听信奴婢诬陷别人的话更大的了。

治家严，家乃和；居乡恕，乡乃睦。治家忌宽，而尤忌严；居家忌奢，而尤忌啬①。

【注释】

①啬：吝啬，小气，该用的财物舍不得用。

【译文】

治家严格，家庭才会和睦；居住在乡里，处事宽和，则邻里和睦。治理家政切忌宽恕无度，更应禁止太过严格；料理家务切忌奢侈无度，更应忌吝啬。

无正经人[1]交接，其人必是奸邪；无穷亲友往来，其家必然势利。

【注释】

①正经人：正派的人。

【译文】

没有正派君子和他结交，此人一定是个奸邪之徒；没有贫穷的亲戚朋友和他往来，这人必然是个势利小人。

日光照天，群物皆作，人灵于天，寐而不觉，是谓天起人不起，必为天神所谴，如君上临朝，臣下高卧失误，不免罚责；夜漏三更，群物皆息，人灵于物，烟酒沉溺，是谓地眠人不眠，必为地祇所诃，如家主欲睡，仆婢喧闹不休，定遭鞭笞。

【译文】

太阳高照，万物苏醒，人是万物之灵，却睡而不醒，这就是所谓“天起人不起”，必定会遭到天神的谴责，就比如皇上早朝临政，大臣却酣眠不起，耽误国事，这样就免不了遭受处分惩罚；深更半夜，万物休息，人是万物之灵，却沉溺于烟酒而不眠，这就所谓“地眠人不眠”，必定会遭到地神的怒斥，好比家中的主人要上床休息，而仆人奴婢们却吵闹不停，这样的仆人注定要遭到鞭打。

楼下不宜供神，虑楼上之秽亵[①]；屋后必须开户[②]，防屋前之火灾。

【注释】

①秽亵（huì xiè）：污秽猥亵等不雅的行为。②开户：开门。

【译文】

楼下不适合供奉神明，考虑到楼上的不雅行为可能会亵渎神明；屋后必须开通一扇门，以防备屋前发生火灾。

从政类

本章主要讲的是为官从政的原则和操守。编者认为作为一名官员要严格治吏、宽和养民。为官一任要上对得起国家，下对得起民众，要严肃谨慎，坚守节操，不可有半点儿私心。具体来讲，为官不能将自己凌驾于百姓之上，要懂得尊重百姓，关爱百姓；在日常管理中要以诚信对待百姓，不能轻易惊扰百姓的生活；不乱发空头文件，对官府中的小吏严加管束，真正做到不打扰百姓。

眼前百姓即儿孙，莫谓百姓可欺骗，且留下儿孙地步；堂上一官称父母，漫道[1]一官好做，还尽些父母恩情。

【注释】

①漫道：别说，不用说，不要觉得。

【译文】

眼前的百姓就像是自己的儿孙，不要认为百姓好欺负，应该为自己的子孙留下余地与后路；公堂上的官被称为父母官，不要觉得这个官好做，应该为百姓尽到父母官的责任与恩情。

善体黎庶情[1]，此谓民之父母；广行阴骘[2]事，以能保我子孙。

【注释】

①黎庶情：百姓民情。黎庶，指黎民百姓。②阴骘（zhì）：阴德。

【译文】

做官从政能善于体察民情，这便是所谓的民之父母；多做好事、广积德行，以此来保佑我们子孙后代的吉祥。

封赠[1]父祖，易得也，无使人唾骂父祖，难得也；恩荫[2]子孙，易得也，无使我毒害子孙，难得也。

【注释】

①封赠：父母因子孙为官而获得官爵。封建时代帝王推恩于臣下，将

官爵授予臣下的父母，父母在世称“封”，不在世称“赠”。②荫：荫庇，庇护。

【译文】

因自己的官位而使父辈受到封爵，这是容易做到的，但从政治民，不让别人来唾骂父祖辈，却是很难做到的；凭自己的功勋使子孙得到恩德庇佑，这是容易办到的，但教子成材，不使自己的行为贻害子孙，却是很难做到的。

洁己方能不失己，爱民所重在亲民。

【译文】

自己廉洁，才能不丢失自己的气节清名；爱护百姓，重在与民亲近无间。

朝廷立法不可不严，有司[①]行法不可不恕。

传统文化小知识

丁忧与夺情

古代官员因父、母亡故暂时辞官回乡守制称作丁忧，又叫“丁艰”“守孝”。该制度始于汉代，一般时间为3年。古代官员遇到需要丁忧的情况，如果朝廷因为特殊情况，比如政治或军事方面的需要而要求官员不得回乡丁忧，而必须留在朝廷，或者官员已经回乡丁忧但期限未满，朝廷提前强令召回其出仕，这两种情况都叫作夺情。丁忧一旦遇到夺情，则必须屈从。

【注释】

①有司：指官吏，这里指执法机关。

【译文】

朝廷制定法律不可以不严肃严厉，执法机关执行法律不可以没有宽恕之心。

严以驭役[①]而宽以恤民[②]，极于扬善而勇于去奸，缓于催科[③]而勤于抚众。

【注释】

①驭役：管理官吏。驭，管理。役，被使唤的人，引申为小官吏。②恤民：体恤、怜悯百姓。③催科：催收田租和赋税。

【译文】

管理官吏要严格，对待百姓则要宽和、体恤；表彰善行要竭尽全力，也要狠狠地铲除奸邪；催收田租赋税要和缓，安抚百姓则要勤勉。

催科不扰，催科中抚众；刑罚不差[①]，刑罚中教化。

【注释】

①差：偏差。

【译文】

催征赋税不能惊扰百姓，要在催促征税中安抚百姓；执行刑罚不能有所偏差，要通过刑罚教化百姓。

刑罚当宽处即宽，草木亦上天生命；财用可省时便省，丝毫皆下民脂膏①。

【注释】

①下民脂膏：指民脂民膏，比喻人民流血流汗、辛勤劳动所创造出来的财富。

【译文】

执行刑罚应当宽大的地方就要宽大，即便一草一木也都是上天赋予的生命；钱财花费能省时就要节省，即便一丝一毫也是劳动人民的血汗。

居家为妇女们爱怜，朋友必多怒色；做官为衙门人欢喜，百姓定有怨声。

【译文】

在家里受到妇女们的爱戴，但疏远了朋友，必会引起朋友的不满；做官时只被衙门里的人喜欢，而忘记了百姓，黎民百姓一定会怨声载道。

官不必尊显，期于无负君亲。道不必博施，要在有裨①民物。禄②岂须多，防满则退③。年不待暮，有疾便辞。天非私富一人，托④以众贫者之命。天非私贵一人，托以众贱者之身。

【注释】

①有裨：有益于。裨，益，好处。②禄：即俸禄。③防满则退：即应当全身而退时则退下来。防满，防止因地位和权势达到极盛而走向衰败。

④托：陪衬，衬托。

【译文】

做官不必求位高权重，只要无愧于君主和父母。行善不必广泛施予，只要对民生有利。做官的俸禄不需太多，应当全身而退时则退下来。不需等到年老，身体有病就应辞官回家。上天不会只让一个人富裕，而用大多数人的贫穷来做陪衬。上天也不会只让一个人显贵，而用大多数人的卑贱来做陪衬。

在世一日，要做一日好人；为官一日，要行一日好事。

【译文】

活在世上一天，就要做一天好人；做官一天，就要做一天好事。

贫贱人栉风沐雨①，万苦千辛，自家血汗自家消受②，天之鉴察③犹恕；富贵人衣税食租，担爵受禄，万民血汗一人消受，天之督责更严。

【注释】

①栉风沐雨：以风梳发，以雨洗头。形容人经常在外面不顾风雨地辛苦奔波。②消受：享用，受用。③鉴察：鉴别，察看，监察。

【译文】

贫苦的人为了生活终日奔波，经历千辛万苦，自己付出的血汗自己享受，因此上天对他的监察相对会宽容些；而富贵的人衣食都来自于田租赋税，还担任爵位享受俸禄，万千百姓的血汗都由他一人享受，因此上天对他的监督也更加严厉。

平日诚以治民，而民信之，则凡有事于民，无不应矣；平日诚以事天，而天信之，则凡有祷于天，无不应矣。

【译文】

平日以诚信治理百姓，百姓就会信任他，所以只要有事需要百姓出力的，则没有不响应的；平日以虔诚侍奉上天，上天就会信任他，所以只要有事祈求于上天，则没有不应验的。

平民肯种德施惠，便是无位底卿相；士夫徒贪权希宠，竟成有爵底乞儿。

【译文】

百姓若愿意积德施恩，那便是没有官位的公卿宰相；做官的人如果只贪图权力恩宠，那就是拥有官位的流民乞丐。

无功而食，雀鼠是已；肆害而食，虎狼是已。

【译文】

无功于民而吃着国家的俸禄，这种人就像麻雀、老鼠一样；肆意残害百姓却仍吃着国家的俸禄，这种人就是凶猛的虎豹豺狼。

毋矜清而傲浊，毋慎大而忽小，毋勤始而怠终。

【译文】

不要夸赞自己的清高而鄙视他人的粗俗，不可只处理大事时谨慎而忽视小事，不要开始做事时勤勉而最终懈怠。

勤能补拙，俭以养廉。

【译文】

勤劳可以弥补先天的拙劣，节俭可以培养廉洁的品行。

居官廉，人以为百姓受福，予以为锡[1]福于子孙者不浅也，曾见有约己裕民者，后代不昌大耶？居官浊，人以为百姓受害，予以为贻害于子孙者不浅也，曾见有瘠众肥家[2]者，历世得长久耶？

传统文化小知识

黄帝定服饰

黄帝时期，是我国历史发展的关键阶段，传说有很多发明创造，如养蚕、舟车、文字、音律、医学、算数等，都创始于这一时期。服饰制度也初步形成于这一时期。当时规定上衣如天用玄色，下裳如地用黄色，以此表达对天和地的崇拜。尤其是在拜祭祖先、祭祀天地时，统一的样式、统一的颜色，使得这些大型活动显得隆重而有秩序，无形中成为一种被人们认可和遵循的礼仪，从此服饰开始成为礼制的载体。

【注释】

①锡：通“赐”。②瘠众肥家：搜刮百姓以使自家富裕。瘠，瘦弱，此处为使动用法，使百姓瘦弱，即搜刮、盘剥百姓。

【译文】

做官的人清廉，别人都觉得是百姓得到福气，但我认为是给官员自己的子孙造福不浅，可曾见过对待自己俭约而厚待百姓的官员，他的子孙后代有不昌盛兴旺的吗？做官贪浊的人，人们都以为是百姓受祸害，但我认为他的子孙受害更多，可曾见过压榨百姓而厚待自家的官员，他的子孙后代哪个能长久了吗？

以林皋①安乐懒散心做官，未有不荒怠者；以在家治生营产心做官，未有不贪鄙者。

【注释】

①林皋（gāo）：指林野和水岸之地，泛指山野。林，泛指山林、林野。皋，泛指岸边，水旁陆地。

【译文】

以隐居山林、安逸享乐、慵懒散漫的心态做官，政事没有不荒废的；以在家治理、经营自家产业的心态做官，没有不贪婪的。

念念①用之君民，则为吉士②。念念用之套数③，则为俗吏。念念用之身家，则为贼臣。

【注释】

①念念：一个念头接着一个念头，引申为一心一意。②吉士：指贤

人。③套数：戏曲或散曲中连贯成套的曲子，比喻成系统的技巧或手法，此处指官场形成的诸多不良风气和做官的一些固定模式。

【译文】

一心一意以君王和百姓的利益为重的人是国家的贤人。凡事做表面功夫，一心想着官场套路的人是恶俗的官吏。一门心思追求自身和家庭利益的人便是奸臣、乱臣。

古之从仕者养人，今之从仕者养己。古之居官也，在下民身上做工夫。今之居官也，在上官眼底做工夫。

【译文】

古代做官的人关心、抚恤百姓，现在做官的人则关心自己。古代做官的人，在百姓身上下真功夫。现在做官的人，则只在上司眼皮底下做表面功夫。

在家者不知有官，方能守分；在官者不知有家，方能尽分。

【译文】

官员的家属能忘记自己的亲人是官员，才能守住本分；在外做官的人能忘却自己家庭的利益得失，才能尽其本分。

君子当官任职，不计难易，而志在济人，故动辄成功；小人苟禄营私[①]，只任便安[②]，而意在利己，故动多败事。

【注释】

①苟禄营私：毫无功劳，只知谋求私利。苟禄，指官吏无功而受俸禄。②只任便安：只贪图安逸。便安，便利安逸。

【译文】

君子做官不计较事情的难易，其志向在于帮助百姓，所以只要去做就会成功；小人则贪图私利只做容易的事，目的只是为自己谋利，所以做事经常失败。

职业是当然底，每日做他不尽，莫要认作假；权势是偶然底，有日还他主者，莫要认作真。

【译文】

公务是当然要做的，每天做也做不完，不要因此就弄虚作假，仍要认真去做；权势是偶然得到的，终有一日会还给他人，所以不要把权势太当真，应该看淡些。

【读·品·悟】

这里的“职业”，并不是工作的职位和事业，而是指“做人”。做人，这是每个人最重要的、陪伴终生的职业，每日做他不尽，来不得半点儿虚假。万事都可以是过往云烟，唯有一点灵光作为生命的真主人，历经着你的生生世世，记录着你“做人”这个职业的每一个点滴。所以说，修身归道是当然的，每日做他不尽，莫要认作假。富贵名利是偶然的，有日还他主者，莫要认作真。

一切人为恶，犹可言也，惟读书人不可为恶，读书人为恶，更无教化之人矣；一切人犯法，犹可言也，惟做官人不可犯法，做官人犯法，更无禁治之人矣。

【译文】

所有人作恶，都情有可原，只有读书人不能作恶，因为读书人如果作恶，那么天下就没有可以教化百姓的人了；所有人犯法，都可以得到原谅，唯独做官的人不能犯法，因为做官的人如果犯法，那么天下便没有可以禁治他人的人了。

士大夫济人利物，宜居其实，不宜居其名，居其名则德损；士大夫忧国为民，当有其心，不当有其语，有其语则毁来。

【译文】

做官的人救助百姓、造福社会，应该落在实处，而不应追求名声，追求名声就会损害自己的德行；做官的人忧国事爱百姓，应该有真心实意，而不应满口空谈，满口空谈就会招来毁谤。

以处女之自爱者爱身，以严父之教子者教士。执法如山，守身如玉，爱民如子，去蠹①如仇。

【注释】

①蠹（dù）：本指蛀蚀器物的虫子，此处代指坏人坏事。

【译文】

像处女洁身自爱那样爱惜自身的名节，像严厉的父亲教导自己的儿子一样来教诲年轻人。执行法令，像高山那样毫不动摇；保持节操，像美玉那样洁白无瑕；爱护百姓，像父母爱护子女一样关怀有加；铲除奸邪，像对仇敌那样毫不手软。

陷一无辜，与操刀杀人者何别；释一大憝[①]，与纵虎伤人者无殊。

【注释】

①大憝（duì）：穷凶极恶、罪大恶极的人。

【译文】

陷害一个无辜的人，和拿刀杀人有什么区别；释放一个穷凶极恶的

人，和纵虎伤人没有什么两样。

针芒刺手，茨棘伤足，举体痛楚，刑惨百倍于此，可以喜怒施之乎？虎豹在前，坑阱[1]在后，百般呼号，狱犴[2]何异于此，可使无辜坐之乎？

【注释】

①坑阱：指陷阱。②狱犴（àn）：牢狱，监狱。

【译文】

针尖扎进手心，荆棘划破脚底，全身都会疼痛难以忍耐，酷刑的惨烈比这要痛楚百倍，怎么能够根据个人的喜怒而施行呢？虎豹挡在前面，身后遍布陷阱，心中因恐惧而百般哭号，恨不得速死，牢狱中的情形和这有什么区别，怎能让无辜者去遭受这无端的摧残呢？

官虽至尊，决不可以人之生命佐己之喜怒；官虽至卑，决不可以己之名节佐人之喜怒。

【译文】

官位虽然显赫，但决不能根据自己的喜怒而决定一个人的生死；官职虽很卑下，但也不可为了讨好别人的喜怒而损害自己的名节。

听断之官，成心必不可有；任事之官，成算必不可无。

【译文】

判决讼案的官员，决不能心存成见；办理事务的官员，决不能没有成熟的计划。

无关紧要之票[1]，概不标判[2]，则吏胥[3]无权；不相交涉之人，概不往来，则关防[4]自密。

【注释】

①票：政令，公文。②标判：将政令、公文签发执行。③吏胥：地方官府中掌管簿书案牍的小官吏。④关防：防止机密泄露的一种印信，此处代指国家机密。

【译文】

无关紧要的政令公文，一概不要签发，这样那些想伺机滥用权力的差官就无机可乘；与自己没有公务往来的人，一律不相来往，这样那国家机密就不会被泄露了。

无辜牵累难堪，非紧要，只须两造对质，保全多少身家；疑案转移甚大，无确据，便当末减[1]从宽，休养几人性命。

【注释】

①末减：从轻论罪或减刑。

【译文】

无辜的人受到牵连总会导致处境难堪，因此如果不是重大案件，只要传双方当事人对质就行了，这样就可使许多人的清白名誉得到保全；复杂疑难的案件，如果没有确凿的证据，就应该对当事人从宽处理，这样可以使很多人的性命能够保全。

呆子之患，深于浪子，以其终无转智；昏官之害，甚于贪官，以其狼藉①及人。

【注释】

①狼藉：糟蹋，陷害。

【译文】

痴呆的人给社会带来的祸患比轻薄放纵的人更深，因为痴呆的人永远不会变得聪明；昏庸的官吏给人们带来的危害，比贪婪的官吏更大，因为他的昏庸无能会使大量无辜的人受到伤害。

官肯着意一分，民受十分之惠；上能吃苦一点，民沾万点之恩。

【译文】

做官的人用一分心意关注百姓，百姓就会受到十分的实惠；处在上位的人吃一点儿苦，百姓就能受到万点恩惠。

礼繁则难行，卒成废阁之书；法繁则易犯，益甚决裂之罪。

【译文】

礼节繁杂便会难以遵行，最终成了被遗弃的条文，束之高阁；法律庞杂繁多就很容易触犯，其中的危害比犯了死罪还要可怕。

善启迪人心者，当因其所明而渐通之，毋强开其所闭；善移风易俗者，当因其所易而渐反之，毋强矫其所难。

【译文】

善于教导百姓的人，应当从百姓明白的地方入手，用渐进的方法因势利导，而不能强迫百姓接受他们不明白的事物；善于改变风俗的人，应该从百姓容易接受的地方入手，逐渐引导改变，而不会用强制手段去矫正百姓难以改变的风俗。

非甚不便于民，且莫妄更；非大有益于民，则莫轻举。

【译文】

无论什么法令，如果没有给百姓带来极大的不便，就不要轻易改变它；如果不能给百姓带来很大的好处，就不要轻易施行它。

情有可通，莫将旧有者过裁抑，以生寡恩之怨；事在得已，莫将旧无者妄增设，以开多事之门。

【译文】

于情于理都说得通，就不要过多地去除和抑制原先就已存在的制度，以免不符合民情而使百姓产生怨恨；事情如果应当消除就要坚决禁止和去除，一定不要增设一些没什么作用和意义的制度与机构，以免增加百姓的麻烦。

为前人者，无干誉[1]矫情，立一切不可常之法，以难后人；为后人者，无矜能露迹，为一朝即改革之政，以苦前人。

【注释】

①干誉：求取名誉。

【译文】

作为前人，不应该有求取名誉的矫揉造作之态，立下不能施行的法规，使后人难以执行；而作为后人，不能有夸耀才能显露自己的自大心态，施行短时间内就需要改革的政令，让前人的辛苦白费。

事在当因，不为后人开无故之端；事在当革，无使后人长不救之祸。

【译文】

应当沿袭的制度就不要改革，不要成为后人随意更改制度的开端；应当改革的陋规就不要沿袭，以免使后人因制度问题遭受难以弥补的祸害。

利在一身勿谋也，利在天下者谋之；利在一时勿谋也，利在万世者谋之。

【译文】

如果只对自己一个人有利，这样的事情不要去谋划，如果是为天下人的公利则当尽心策划；如果只是眼前的利益，则不必费心谋取，而如果是对千秋万世都有利的事，则当尽心策划。

莫为婴儿之态，而有大人之器。莫为一身之谋，而有天下之志。莫为终身之计，而有后世之虑。

【译文】

不要做出小孩子一样的举动，要有成年人的气度。不要只为自己一个人的利益谋划，要有替天下百姓谋福的志向。不要只为自己的一生谋划，而是要考虑到自己后代子孙的利益。

用三代以前见识，而不失之迂；就三代以后家数①，而不邻于俗。

【注释】

①家数：手段，策略。

【译文】

用夏商周三代以前的理念来治理国家，不会有迂腐和拘泥的缺失；用夏商周三代以后的策略来治理国家，也不会落入为政的俗套。

大智兴邦，不过集众思；大愚误国，只为好自用。

【译文】

有大智慧的人能振兴国家，这个大智慧不过是能集合、凝结众人的智慧；极其愚蠢的人会使国家遭受祸害，其实极其愚蠢也只因为刚愎自用、自以为是罢了。

吾爵益高，吾志益下。吾官益大，吾心益小。吾禄益厚，吾施益博。

【译文】

我的官位越高，我的心态便越谦卑。我的官做得越大，我的欲念也越少。我的俸禄越多，我就施舍给越多的人。

安民者何？无求于民，则民安矣；察吏者何？无求于吏，则吏察矣。

【译文】

怎样使百姓安乐呢？只要不向百姓索求财物，百姓自然就会安乐了；怎样监督官吏呢？只要不向官吏求取什么，官吏就自然清廉自律了。

不可假公法以报私仇，不可假公法以报私德。天德只是个无我，王道①只是个爱人。

【注释】

①王道：古时指以仁义统治天下的政策和理念。

传统文化小知识

青眼与白眼

青眼指正视，因为正对着看的时候黑眼珠在中间；白眼指斜视，这时是眼白对着人。青眼和白眼分别表示尊重和轻视两种态度，这种说法出自《晋书·阮籍传》：“籍又能为青白眼。”阮籍善于使用青白眼来表达自己的态度，见到一些庸俗之辈，就用白眼对之，而遇到自己所敬重的人，则予青眼相视。

【译文】

不能借国家的法律来解决自己的私人仇怨，不能凭国家律法来回报个人恩德。最高的德行只在于没有私心，以仁义统治天下只在于关爱百姓。

惟有主，则天地万物自我而立；必无私，斯上下四旁咸[1]得其平。

【注释】

①咸：皆，都。

【译文】

只要有主见，则天地万物皆为我所用；做人定要没有私心，这样才能公正平和地对待一切。

治道之要，在知人[1]。君德之要，在体仁[2]。御臣之要，在推诚。用人之要，在择言[3]。理财之要，在经制[4]。足用之要，在薄敛。除寇之要，在安民。

【注释】

①知人：能监察人的品行、才能，即识别人才。②体仁：躬行仁道，即施行仁义。③择言：选择适当的话，即听取正确的建议。④经制：指国家制度。

【译文】

治理国家的关键在于识别人才。君王德行的关键在于能施行仁义。统御臣下的关键在于以诚相待。任用人才的关键在于听取正确的建议。理财的关键在于完善国家制度。国家财用富足的关键在于轻征薄赋。消除盗匪的关键在于使人民安乐。

未用兵时，全要虚心用人；既用兵时，全要实心活人。

【译文】

在没有用兵打仗的和平时期，为政者要虚怀若谷，一心延纳贤才；到了用兵打仗的战争时期，为政者应爱惜百姓生命，切忌滥杀人。

天下不可一日无君，故夷齐①非汤武②，明臣道也，不然，则乱臣接踵而难为君；天下不可一日无民，故孔孟是汤武，明君道也，不然，则暴君接踵而难为民。

【注释】

①夷齐：伯夷和叔齐的并称。二人都是商朝末年的贤人，认为周武王既然是商的臣子，讨伐商是不对的。②汤武：商汤与周武王的并称。二人都是圣明的君主。商汤，因夏朝无道而灭夏朝，成为商朝的开国君主。周武王，因商朝无道而灭商朝，成为周朝的开国君主。

【译文】

国家不能一天没有国君，所以伯夷、叔齐批评指责商汤与周武王，这是明白做臣子的本分，如果不这样的话，作乱的臣子就会一个接一个地出现，国君的地位就难以稳固了；国家不能一天没有人民，所以孔子、孟子肯定并称赞商汤和周武王，这是明白做国君的职责，如果不这样的话，暴虐的昏君就会一个接一个地出现，老百姓就会受到更深的伤害。

庙堂之上，以养正气为先；海宇之内，以养元气①为本。

【注释】

①元气：代指百姓民力。

【译文】

在朝为官，要以培养凛然的刚正之气为首要；对待天下百姓，要以养护百姓民力为本源。

人身之所重者元气，国家之所重者人才。

【译文】

对于人体来说，最重要的是保持精神元气；对国家而言，最重要的是培养人才。

惠言类

本章主要是赠人的佳话，在生活的各个方面给人以指导和告诫，内容涉及修身持家、治学读书、为人处世等，可以看成是对前面几章的总结。告诫人们在自身修养方面要品行方正，注重道德修养；在处理家庭事务上要勤俭持家，谦虚忍让；在为人处世上要坚持操守，待人平和，做事谨慎，圆融通达，能坦然面对一切，知足常乐。

圣人敛[①]福，君子考祥[②]；作德日休[③]，为善最乐。

【注释】

①敛：聚集。②考祥：长寿吉祥。考，长寿。祥，吉祥。③日休：每天都有福禄。日，每天。休，吉庆，福禄，福气。

【译文】

圣人聚集福气，君子最终获得长寿吉祥；施恩德的人每天都有福气，做好事的人心境最为快乐。

开卷有益，作善降祥。

【译文】

读好书，得益匪浅；做好事，必获吉祥。

崇德效山，藏器学海。群居守口，独坐防心。

【译文】

培养德行、提高品质要向高山学习，谦虚内敛、隐蕴才华要向大海学习。和众人相处时要小心谨慎地说话，独自闲坐时要防止杂念产生。

知足常乐，能忍自安。

【译文】

知足的人无忧无虑经常得到快乐，能忍让的人自然可以消祸免灾平安自得。

穷达有命，吉凶由人。

【译文】

人生的穷困与显达，全凭天命安排；人世的吉福与凶祸，皆由自己把握。

以镜自照见形容，以心自照见吉凶。

【译文】

用镜子观照自己，照见的是自己的容貌体态；用心灵反省自己，可以预见自己将来的吉凶祸福。

善为至宝，一生用之不尽；心作良田，百世耕之有余。世事让三分，天空地阔；心田培一点，子种孙收。

【译文】

善良是最宝贵的东西，一辈子都享用不完；将善心当作良田，百世子孙都耕种不完。遇事能让别人三分，自然会天地宽广，心中烦闷全无；在内心深处培养一点儿善念，则子孙后代会因此而收获福气。

要好儿孙，须方寸中放宽一步；欲成家业，宜凡事上吃亏三分。

【译文】

想要造福儿孙后代，便须使内心宽厚大度；想要使家业兴旺，应该事事谦让，有容忍之心。

留福与儿孙，未必尽黄金白镪[①]；种心为产业，由来皆美宅良田。

【注释】

①黄金白镪（qiǎng）：即黄金白银。镪，指银子或银锭。

【译文】

为儿孙留下福泽，未必一定要全是黄金白银；把培养心性作为产业，终究会有美宅良田。

存一点天理心，不必责效于后，子孙赖之；说几句阴骘语，纵未尽施于人，鬼神鉴之。

【译文】

心存一点儿天理良心，不必苛责立刻收到成效，子孙自然从中受益的；说几句积阴德的公道话，即使没有完全施于他人，世间的神明也自会知道。

非读书，不能入圣贤之域；非积德，不能生聪慧之儿。

【译文】

不读书，便不能进入圣贤的领域；不积德行善，便不能生育聪明的儿女。

多积阴德，诸福自至，是取决于天。尽力农事，加倍收成，是取决于地。善教子孙，后嗣昌大，是取决于人。事事培元气，其人必寿；念念存本心，其后必昌。

【译文】

多做好事积德行善，各种福气自然会来，这是由上天决定的。努力耕种田地，加倍收获粮食，这是由大地决定的。教导子孙做善事，使后代兴盛发达，这是由人决定的。做任何事情都注意养护自己的精神，这样的人一定长寿；思考每件事情都心存善念，这样的人子孙必能兴旺昌盛。

勿谓一念可欺也，须知有天地鬼神之鉴察。勿谓一言可轻也，须知有前后左右之窃听。勿谓一事可忽也，须知有身家性命之关系。勿谓一时可逞也，须知有子孙祸福之报应。

【译文】

不要有一点儿欺骗别人的念头，要知道天地神明能明察一切。不要随便说一句话，要知道周围会有人偷听。不要疏忽任何一件小事，要知道任何事情都可能关系到自己的身家性命。不要贪图一时的快乐，要知道自己的所作所为与子孙的祸福互为因果报应。

人心一念之邪，而鬼在其中焉，因而欺侮之，播弄之，昼见于形象，夜见于梦魂，必酿其祸而后已。故邪心即是鬼，鬼与鬼相应，又何怪乎！人心一念之正，而神在其中焉，因而鉴察之，呵护之，上至于父母，下至于儿孙，必致其福而后已。故正心即是神，神与神相亲，又何疑乎！

【译文】

人的心中只要有一丝邪念，那么魔鬼就会在心中产生，进而欺负你、捉弄你，让你白天精神恍惚，晚上做梦也会见到，必定等到酿成灾祸才会停止。所以邪恶的念头就是魔鬼，而且魔鬼和魔鬼是相互呼应的，这又有什么可奇怪的呢？人的心中只要有一丝刚正的念头，那么神明就会在心中产生，进而监督你、保护你，上至父母双亲，下到儿女子孙，必定都受到神的赐福才算完满。所以心中刚正的念头就是神明，并且神明与神明互相亲近，这又有什么可怀疑的呢？

终日说善言，不如做了一件；终身行善事，须防错了一件。物力艰难，要知吃饭穿衣，谈何容易；光阴迅速，即使读书行善，能有几多。

【译文】

整天说好话不如做一件善事；一辈子做善事，要小心防止做错一件事。劳动艰难，要知道吃饭穿衣，哪儿会那么容易？时间过得很快，就是用来读书、做善事，又能做多少？

只字①必惜，贵之根也；粒米必珍，富之源也。片言必谨，福之基也；微命必护，寿之本也。

【注释】

①只字：一个字，此处代指知识和文化。

【译文】

珍惜知识和文化，是显贵的根本；珍惜粮食，是富裕的根源。再简短的话也要小心谨慎地说，是福禄的基础；尽力爱护微小的生命，是长寿的本源。

作践五谷①，非有奇祸，必有奇穷；爱惜只字，不但显荣，亦当延寿。

【注释】

①作践五谷：浪费粮食。作践，糟蹋，浪费。五谷，一种说法是稻、黍、稷、麦、菽五种作物；另一种说法是麻（指大麻）、黍、稷、麦、豆五种作物。后多泛指粮食。

【译文】

浪费粮食，即使没有遭受奇怪的灾祸，也注定会非常贫穷；爱惜知识，不但能使人富贵荣华，也能使人益寿延年。

茹素①，非圣人教也；好生，则上天意也。

【注释】

①茹素：吃素食。

【译文】

吃素不是圣人所教导的；爱惜生命，却是上天的意愿。

仁厚刻薄，是修①短关。谦抑盈满，是祸福关。勤俭奢侈，是贫富关。保养纵欲，是人鬼关。

【注释】

①修：长。

【译文】

仁厚或者刻薄，是人的性命或长或短的关键。谦虚还是骄傲自满，是人的命运是福还是祸的关键。勤俭或者奢侈，是人的生活或贫或富的关键。保养或者纵欲，是人的生命或生或死的关键。

造物所忌，曰刻曰巧①。万类相感，以诚以忠。做人无成心，便带福气。做事有结果，亦是寿征②。

【注释】

①曰刻曰巧：造作和取巧。刻，矫揉造作。巧，投机取巧。②寿征：长寿的征兆。征，征兆，迹象。

【译文】

上天造物所忌讳的是造作和取巧。世间万物互相感应联系靠的只有诚意与忠心。做人没有成见，便会带来福气。做事有始有终，便是长寿的征兆。

执拗者福轻，而圆通之人，其福必厚；急躁者寿夭，而宽宏之士，其寿必长。

【译文】

固执的人福分少，而处事圆融通达的人福分多；急躁的人寿命短，而宽宏大度的人寿命长。

谦卦[①]六爻[②]皆吉，恕字终身可行。

【注释】

①谦卦：《易经》六十四卦中的一卦，该卦的主旨是告诫人们要时刻保持谦虚谨慎的态度，只有这样才能平安吉祥。②爻（yáo）：组成八卦的长短横道。

【译文】

谦卦六爻都预示着吉祥，恕字的含义终身都可以去奉行。

作本色人，说根心话，干近情事。

【译文】

做真真正正的自己，说真心实意的话，干合乎情理的事。

一点慈爱，不但是积德种子，亦是积福根苗，试看哪有不慈爱底圣贤；一念容忍，不但是无量德器，亦是无量福田，试看哪有不容忍底君子。

【译文】

有一点儿慈爱之心，不但是积累仁德的种子，也是为后人积累福气的幼苗，试看哪儿有不慈爱的圣贤；有一点儿容忍的念头，不但是无量的品德气度，也是无尽的福泽，试看哪儿有不宽宏大度的君子。

好恶之念[①]，萌于夜气[②]，息[③]之于静也；恻隐[④]之心，发于乍[⑤]见，感之于动也。

【注释】

①好恶之念：这里指好的念头，善良的念头。②夜气：指夜深人静不受外界打扰时，内心自然产生的良知和善念。这是孟子提出的概念。③息：滋生，生长。④恻隐：同情，怜悯。⑤乍：忽然，突然。

【译文】

善良的念头，萌生于夜深人静的时候，在平静的内心中生长；怜悯的念头，产生于突然看见的那一瞬间，是因看到他人的遭遇而有所感动。

塑像栖神，盍[1]归奉亲；造院居僧，盍往救贫。

【注释】

①盍（hé）：不如。

【译文】

塑造佛像、供奉神灵，还不如回到家里去奉养双亲；修建寺院、施舍和尚，还不如慷慨解囊去救济穷人。

费千金而结纳豪势，孰若倾半瓢之粟以济饥饿；构千楹而招来宾客，何如葺数椽之茅以庇[1]孤寒。悯济人穷，虽分文[2]升合[3]，亦是福田；乐与人善，即只字片语，皆为良药。

【注释】

①庇：庇护，照顾。②分文：即分和文，原本是指古代较小的货币单位，现在用来形容很少的钱。③升合（gě）：即升与合，都是古代计算粮

食的较小的容积单位，形容粮食少。

【译文】

花费千两黄金去结交有钱有势的权贵，哪里比得上倒出半瓢小米去救助饥饿的穷人；建造许多华丽的公馆去招揽尊贵的宾客，怎能比得上盖上几间简易的茅屋去庇护孤独贫寒的人。怜悯赈济他人的穷困，即使是一文钱一升米，也是为他人造福；愿意与他人为善，即便是只言片语，都是化解矛盾、温暖人心的良药。

谋占田园，决生败子；尊崇师傅，定产贤郎。

【译文】

谋划广置田园，必定会生出败家的子弟；尊敬并热爱自己的老师，一定能教养出贤德的儿孙。

平居寡欲养身，临大节则达生委命①；治家量入为出②，干好事则仗义轻财③。

【注释】

①达生委命：淡然面对一切，顺应命运安排。达生，看透人生，心态淡然。委命，顺应命运安排。②量入为出：根据收入的多少来定开支的限度，即支出不超过收入，引申为勤俭节约。量，计量。③仗义轻财：注重道义，轻视钱财。

【译文】

平时居家应清心寡欲、保养身体，面临重大事件时则应淡然应对，顺应命运安排；治理家务时应勤俭节约，根据收入安排支出，但做好事时应坚决讲究道义、轻视钱财。

善用力者就力，善用势者就势，善用智者就智，善用财者就财。

【译文】

善于使用力量的人会借助力量，善于运用时势的人会顺应时势，善于使用智慧的人会发挥才智，善于利用钱财的人会合理使用钱财。

身世多险途，急需寻求安宅；光阴同过客，切莫汩没主翁①。

【注释】

①汩（gǔ）没主翁：埋没自己。汩没，埋没。主翁，主人，指自己。

【译文】

人生有许多艰难险阻，急需寻觅安身立命之处；光阴如同匆匆过客，切莫埋没了自己。

传统文化小知识

箪瓢陋巷

颜回谦逊好学，以德行著称，是孔子最得意的弟子。《论语·雍也》载：“一箪食，一瓢饮，在陋巷，人不堪其忧，回也不改其乐，贤哉回也！”孔子评价颜渊的话，意思是说，能够生活在陋巷，吃简单食物填饱肚子，喝水也只是达到不让自己口渴的程度，还能以勤学苦读、不辍学习为乐的，恐怕只有颜回一人了。后来，“箪瓢陋巷”便被用作生活清贫之典。

莫忘祖父积阴功，须知文字无权[1]，全凭阴骘；最怕生平坏心术，毕竟主司[2]有眼[3]，如见心田。

【注释】

①文字无权：文章是不起多大作用的。文字，代指文章。无权，没有权利，即不起作用。②主司：指科举考试的主考官。③有眼：有眼力，即有分辨是非好坏的能力。

【译文】

不要忘记先辈们积下的阴德，要知道在科举考试中文章是不起多大作用的，一切全靠先辈们积下的阴德；人最怕平素心术不正，毕竟在科举考试时主考官的眼睛是能辨别出人的好坏的，就好像能看透人的内心世界。

天下第一种可敬人，忠臣孝子；天下第一种可怜人，寡妇孤儿。孝子百世之宗[1]；仁人[2]天下之命。

【注释】

①宗：宗师，为众人所学习的榜样。②仁人：有德行的人。

【译文】

天下最值得敬重的人，应该是忠臣孝子；天下最可怜的人，应算是寡妇孤儿。孝子可立为供百世之人学习的榜样；具有仁爱之心的有德行的人是天下的根本。

形之正，不求影之直而影自直。声之平，不求响之和而响自和。德之崇，不求名之远而名自远。

【译文】

只要形体端正，即便不去追求影子的正直，影子必然还是正直的。只要声音平和，即便不去追求回响的圆润和谐，回响之声最终也会圆润和谐的。只要道德崇高，即便不求声名远播，其声名也会自然远播天下的。

有阴德者，必有阳报；有隐行者，必有昭名。

【译文】

积累了阴德的人，必定有好的回报；暗暗做好事的人，一定能得到显著的好名声。

施必有报者，天地之定理，仁人述之以劝人；施不望报者，圣贤之盛心，君子存之以济世①。

【注释】

①济世：救助世人。

【译文】

对别人施加恩惠必定能获得回报，这是天地间不变的道理，有德行的人讲述这个道理来劝导世人；对别人施加恩惠不求得到回报，这是圣贤一样的品行和心胸，君子心存这种胸怀用来救助世人。

面前的道路要放得宽，使人无不平之叹；身后的惠泽要流得远，令人有不匮之思①。

【注释】

①不匮之思：不尽的思念。匮，缺乏，竭尽。

【译文】

处理面前的情况要把眼界放得宽阔些，使别人对你不会有不公平的叹息；留给后人的恩泽要持续得长久些，使后人对你有不尽的思念。

不可不存时时可死之心，不可不行步步求生之事。作恶事，须防鬼神知；干好事，莫怕旁人笑。

【译文】

不能不存有随时会死去的想法，不能不做力求生存的事情。做坏事，要提防鬼神知道；做好事，不要怕别人笑话。

吾本薄福人，宜行惜福事。吾本薄德人，宜行积德事。薄福者必刻薄，刻薄则福愈薄矣。厚福者必宽厚，宽厚则福益厚矣。

【译文】

我本是福分少的人，应该多做珍惜福分的事。我本是德行少的人，应该多做积累德行的事。福气少的人必定刻薄，而越是刻薄则福气越少。福分多的人必定宽厚，而越是宽厚则福分越多。

有工夫读书，谓之福。有力量济人，谓之福。有著述行世，谓之福。有聪明浑厚[1]之见，谓之福。无是非到耳，谓之福。无疾病缠身，谓之福。无尘俗撄心[2]，谓之福。无兵凶荒歉之岁，谓之福。

【注释】

①浑厚：质朴，敦厚。②撄心：扰乱心神。

【译文】

有时间读书，这就叫作有福气。有能力去帮助他人，这就叫作有福气。有著作流传于世，这就叫作有福气。有聪明质朴的见解，这就叫作有福气。没有是非传到耳朵里，这就叫作有福气。身体没有疾病困扰，这就叫作有福气。没有烦心的琐事扰乱心神，这就叫作有福气。没有遇到战乱和荒年，这就叫作有福气。

从热闹场中，出几句清冷言语[1]，便扫除无限杀机。向寒微[2]路上，用一点赤热心肠，自培植许多生意。

【注释】

①清冷言语：冷静、理智的话。②寒微：指出身贫贱、社会地位低下的人。

【译文】

在复杂混乱的场合中，说几句冷静、理智的公道话，便能化解许多麻烦。在对待出身贫贱的人时，用一点儿热心肠，就能培养出许多情义。

入瑶树琼林[1]中皆宝，有谦德仁心者为祥。

【注释】

①瑶树琼林：比喻到处是宝贝的地方。琼与瑶，都是美玉。

【译文】

进入美玉成林的地方到处都是宝贝，有谦虚的美德和仁慈之心的人永远都会平安吉祥。

谈经济[1]外，宁谈艺术[2]，可以给用[3]。谈日用外，宁谈山水，可以息机[4]。谈心性外，宁谈因果，可以劝善。

【注释】

①经济：经世济民，此处指治国安民的政策。②艺术：泛指古代的六艺以及术数等各种技术技能。艺即六艺，指儒家培养人才的六项科目——礼、乐、射、御、书、数，即懂礼仪、通乐律、会射箭、能驾车、善书法、明算数。术即术数，指医、方、卜、筮，即医药、方术和占卜等一系列在古代相对实用的技术技能。③给用：供给备用。④息机：息止机心，消除心机。

【译文】

除了谈论治国安民的大事外，宁愿谈论各种实用的技能，因为这些技能可以在生活中供给备用。除了谈论日常生活以外，宁愿聊聊自然山水，因为这些可以消除人的机巧之心。除了谈论良心本性外，宁愿说些因果报应，因为这些可以劝人向善。

艺花可以邀蝶，垒石可以邀云，栽松可以邀风，植柳可以邀蝉，贮水可以邀萍，筑台可以邀月，种蕉可以邀雨，藏书可以邀友，积德可以邀天。

【译文】

种植花草可以招来蝴蝶，堆砌假山石可以引来云雾，栽种松树可以招来清风，种植柳树可以引来鸣蝉，修池蓄水可以引来浮萍，建筑高台可以观赏明月，种植芭蕉可以招来细雨，收藏图书可以引来朋友，积德行善可以得到上天的青睐。

作德日休，是谓福地①；居易俟②命，是谓洞天。

【注释】

①福地：与下句的洞天合称“福地洞天”，原为道家语，指神仙居住的名山胜地，多比喻风景优美的地方。此处泛指生活幸福的地方。②俟（sì）：等待。

【译文】

修身养性提高德行，每天都能获得福气，这就叫作进入了幸福的境地；日常生活顺其自然以顺应天命，这就叫作达到了神仙的境界。

心地上无波涛，随在①皆风恬浪静；性天中有化育，触处见鱼跃鸢飞②。

【注释】

①随在：到处，处处。②鱼跃鸢飞：鱼在水里跳跃，老鹰在天上飞翔。比喻世间的万物顺性而动，自由自在，自得其乐。鸢（yuān），老鹰。

【译文】

人如果能够做到心境平和，那么到哪里都会觉得风平浪静；人的天性如果得到教化培养，那么无论遇到什么事情都能自由自在，自得其乐。

贫贱忧戚①，是我分内事，当动心忍性②，静以俟之，更行一切善，以斡转③之；富贵福泽，是我分外事，当保泰持盈④，慎以守之，更造一切福，以凝承⑤之。

【注释】

①戚：忧愁，悲伤。②动心忍性：比喻历经困苦而磨炼身心，不顾外界阻力，坚持下去。动心，使内心受到触动。忍性，使意志坚强。忍，通“韧”，使坚韧。③斡（wò）转：扭转，改变。④保泰持盈：指保持安定兴盛的局面。⑤凝承：长久地传承。

【译文】

贫穷、卑贱、忧虑、悲伤，这些都是我个人分内的事，应当使内心受到触动、使意志更加坚强，进而坚持下去静静等待机遇来临，更应该做能做的一切善事，以改变这种处境；富有、高贵、福气、恩泽，这些是我个人分外的事，应该努力保持这种安定兴盛的局面，并小心谨慎地加以保护，更要尽自己所能去造福后人，以使富贵荣华长久地传承下去。

世网[1]哪能跳出，但当忍性耐心，自安义命[2]，即网罗中之安乐窝；尘务岂能尽捐，惟不起炉作灶[3]，自取纠缠，即火坑中之清凉散也。

【注释】

①世网：比喻社会上法律礼教、伦理道德对人的束缚。②自安义命：安守本分。义命，本分。③起炉作灶：即另起炉灶，比喻放弃原来的，另外从头做起。

【译文】

人世如网，社会对人的种种束缚是无法跳出的，但是如果能做到尽力去忍耐，并且安守本分、安于现状，这就是社会生活之网中的安乐窝；世间的繁杂俗务是无法全部抛除的，只要自己不另起炉灶，不自寻烦恼，便会在这烦乱如火坑的世间得到一剂清凉散。

热不可除，而热恼可除，秋在清凉台上；穷不可遣，而穷愁可遣，春生安乐窝中。

传统文化小知识

嫡长子制

嫡长子制是西周时期创立的一种权力和财产继承制度。所谓嫡长子，即嫡子中的长子。“嫡子”，即正妻所生之子，与之对应的是妾所生的“庶子”。“嫡子”中的“长子”才有继承资格，其他的“嫡子”和“庶子”则都没有资格，即所谓“传嫡不传庶，传长不传贤”。

【译文】

炎热无法驱除，但因炎热而产生的烦恼是可以驱除的，凉凉的秋意来自于心中的清凉台；贫穷无法排遣，但因贫穷而产生的忧愁是可以排遣的，暖暖的春意产生于心中的安乐窝。

富贵贫贱，总难称意，知足即为称意；山水花竹，无恒主人，得闲便是主人。

【译文】

富贵贫贱，总难以令人称心如意，其实只要能知足，一切就能称心如意；山水花竹，这些自然美景没有永恒不变的主人，其实只要有空闲去欣赏，就能成为它们的主人。

要足何时足，知足便足；求闲不得闲，偷闲即闲。

【译文】

想要追求满足，却不知道什么时候才能得到满足，其实懂得知足常乐的真谛，就会心满意足了；想要得到闲暇，却怎么也闲不下来，学会忙里偷闲的妙法，就能得到闲暇的时间了。

知足常足，终身不辱；知止常止，终身不耻。

【译文】

知足才能常常获得满足，一辈子也不会遭到屈辱；懂得适可而止的道理，做事经常留有余地，一辈子也不会蒙受羞耻。

急行缓行，前程总有许多路；逆取顺取，命中只有这般财。

【译文】

不管是快走还是慢走，人生的前程总有许多的路途；不管是不该得的，还是应该得的，命中注定此生只有这些钱财。

理欲交争①，肺腑②成为吴越③；物我一体④，参商⑤终是弟兄。

【注释】

①理欲交争：公理与私欲的斗争。②肺腑：内心深处，心腹。比喻极亲近的人。③吴越：指春秋时的吴国和越国，当时两国相邻，但经常相互征伐，积怨很深，后用以比喻仇敌。④物我一体：自己与外物融为一体。⑤参商：指参星与商星。两星不同时在天空出现，比喻人与人感情不和睦，关系极疏远。

【译文】

公理与私欲论辩争斗，会使极为亲近的亲朋反成冤家对头；外物和自我融为一体，即便关系疏远的人也会成为手足兄弟。

以积货财之心积学问，以求功名之心求道德，以爱妻子之心爱父母，以保爵位之心保国家。

【译文】

用积聚财货的心去积累学问，用求取功名的心去修养品德，用关爱妻子儿女的心去孝敬关爱父母，用保全官位的心去保卫国家。

移作无益之费以作有益，则事举。移乐宴乐之时以乐讲习，则智长。移信异端①之意以信圣贤，则道明。移好财色之心以好仁义，则德立。移计利害之私以计是非，则义精。移养小人之禄以养君子，则国治。移输和戎之赀②以输军国，则兵足。移保身家之念以保百姓，则民安。

【注释】

①异端：指古代时非正统的思想和学说。②和戎之赀（zī）：为了与敌人议和所用的钱财。戎：我国古代称西方的民族，这里指敌人。赀，钱财，费用。

【译文】

把花在无益杂事上的金钱用在有益的正事上，那么事情就能办成。把耗在宴会逸乐的时间用在研读学问上，那么才智就能增长。把笃信异端邪

传统文化小知识

三军

三军的说法源自周代。周代以“军”作为最大的军队建制，《周礼·夏官·司马》记载：“凡制军，万有二千五百人为军。王六军，大国三军，次国二军，小国一军。”三军合3.75万人。后来三军不再是军队建制，凡出征打仗，军队分作前军、中军、后军，分别担任先锋、主力、掩护警戒的职能。另外，三军也指古代步、车、骑3个兵种。现在，三军则成了海、陆、空3个兵种的泛称。

说的心意用在崇信圣贤上，那么就能明晰真正的人生哲理。把贪好财物美色的心思用在讲求仁义上，那么高尚的品德就能树立。把计较个人利害的私心用在评判是非上，那么道义就能精通。把供养奸佞小人的俸禄用在奉养君子上，那么国家就能得到治理。把献纳给敌人以求和的资财用在充实国防上，那么军队就能强大。把保护自己的生命和家庭的心思用在保护人民上，那么百姓就能平安。

做大官底，是一样家数①；做好人底，是一样家数。

【注释】

①家数：技巧，方法，手段。

【译文】

做大官有做大官的方法，做好人有做好人的方法。

潜居①尽可以为善，何必显宦！躬行孝弟，志在圣贤，纂述②先哲格言，刊刻③广布④，行见化行⑤一时，泽流后世，事业之不朽，蔑以加焉⑥；贫贱尽可以积福，何必富贵！存平等心，行方便事，效法⑦前人懿行⑧，训俗型方⑨，自然谊敦宗族，德被乡邻，利济之无穷，孰大于是。

【注释】

①潜居：指隐居。②纂述：编纂著述。③刊刻：指刻板印刷书籍，泛指出版书籍。④广布：流传得很广。⑤化行：教化施行。⑥蔑以加焉：没

有什么能超过的了。蔑，无，没有。加，超过。⑦效法：模仿，学习。⑧懿行：善行。⑨训俗型方：教化民众使世俗风气得到教导。

【译文】

即使隐居起来也完全可以做善事，何必要有显赫的官职！身体力行，做到孝敬父母、爱护兄弟，立志成就圣哲先贤的事业，编纂叙述圣哲先贤的格言著述，加以刊刻出版广泛流传，这样的行为虽然只是施行了一时的教化，其恩泽却可流传到后世，这就是不朽伟业，没有什么能超过的了。即使贫贱也完全可以积累福气，何必要等到飞黄腾达的时候！内心永远保持平等待人的原则，做事为人多行方便，学习前人美好的行为，使世俗的风气得以训导教化，自然能促进宗族和睦相处，德行广布可以使乡邻受益，广施恩泽到无穷，还有什么比这更大的呢？

一时劝人以言，百世劝人以书。

【译文】

以言语来劝导人们，可以奏效一时；而用书籍来教育人们，则可以影响百世。

静以修身，俭以养德，入则笃行，出则友贤。

【译文】

清静可以修养身心，节俭可以培养品德，在家中行事应当敦厚质朴，在外时则结交贤良的朋友。

读书者不贱，守田者不饥，积德者不倾，择交者不败。

【译文】

用功读书的人品格不会低下，辛勤耕耘的人不会遭受饥饿，积德行善的人不会倾覆于祸患，谨慎选择朋友的人不会失败。

明镜止水以澄心，泰山乔岳以立身，青天白日以应事，霁月光风以待人。

【译文】

洗涤内心要像明亮的镜子、宁静的水面，树立人格应似泰山般高大雄伟，做事应该像青天白日般光明正大，对待他人要如明月清风般宽广磊落。

省费医贫，弹琴医躁，独卧医淫，随缘医愁，读书医俗。

【译文】

节约花费可以医治贫困，专心弹琴可以医治烦躁，独自睡眠可以医治淫欲，顺其自然可以医治忧愁，用功读书则可医治庸俗。

以鲜花视美色，则孽障自消除；以流水听弦歌，则性灵何害？

【译文】

将美色看作是鲜花，那么对美色的迷恋自然会消除；将音乐的声音听成了流水的声音，那么精神还会沉溺其中、受到伤害呢？

养德宜操琴，炼智宜弹棋，遣情宜赋诗，辅气宜酌酒，解事宜读史，得意宜临书，静坐宜焚香，醒睡宜嚼茗，体物宜展画，适境宜按歌，阅候宜灌花，保形宜课药①，隐心宜调鹤，孤况宜闻蛩②，涉趣宜观鱼，忘机宜饲雀，幽寻宜藉草③，淡味宜掬泉④，独立宜望山，闲吟宜倚楼，清谈宜翦烛⑤，狂啸宜登台，逸兴宜投壶⑥，结想宜欹枕⑦，息缘宜闭户，探景宜携囊，爽致宜临风，愁怀宜伫月，倦游宜听雨，元悟宜对雪，辟寒宜映日，空累宜看云，谈道宜访友，福后宜积德。

【注释】

①课药：学习医药常识。课，攻读学习。②闻蛩（qióng）：听虫鸣。闻，听。蛩，蟋蟀的别名，此处代指昆虫的叫声。③藉草：踏青远游。藉，踩，踏。草，代指草木丛生的幽静之处。④掬泉：两手捧着泉水喝。掬，用两手捧。⑤翦烛：即剪烛，古代晚上点蜡烛来照明，蜡烛燃烧久了，需要剪掉烧焦的烛芯，以使烛光更加明亮。此处引申为使室内明亮。⑥投壶：古时宴会时的娱乐活动，大家轮流把筹投入壶中，投中少的人被罚饮酒。⑦欹（qī）枕：倚着枕头。欹，即倚，斜倚，靠着。

【译文】

培养德行应当弹琴，锻炼智慧应当下棋，排遣情绪应当赋诗，调养气血应当饮酒，明了事务应当读史书，顺心得意时应当临摹书法，静坐时应当点燃沉香，睡醒时应当喝点儿茶提神，体验物情应当欣赏绘画，环境舒适时应当高声歌咏，观察气候时令应当浇灌花草，保养身体安康应当学习药理，宁静内心应当逗鹤戏鸟，孤独寂寞时应当静听虫鸣，享受趣味应当观赏游鱼，淡忘烦恼应当饲养鸟雀，探访幽静应当踏青远游，品尝清淡应当捧喝泉水，独自站立时应当眺望远山，闲暇时吟诗应当登高倚楼，晚上清谈应当使室内明亮，纵情长啸应当登临高台，有闲情逸致时应当宴饮游戏，心中有事应当倚枕静卧，停止交友应当闭门不出，探访美景应当携带食物，体验清爽应当迎风站立，内心愁苦应当伫立月下，游兴已尽应当聆听雨声，想要有所感悟应当独自赏雪，祛除寒气应当多晒太阳，身心疲倦应当抬头望云，谈论哲理应当拜访朋友，造福后人应当积德行善。

悖凶类

本章主要讲的是一些悖谬、错误及带来凶险、灾祸的言行，这主要针对的是富贵之人、为官之人和精明的人。而这些应当受到批判的言行和毛病，可以被看作为人处世的反面教材，值得人们引以为戒。想要规避这些灾祸，人们要懂得修养自己，重点是努力提升自己的道德品质，做到敬重天道、对得起自己的良心，时刻都心存善念、做善事，去除心中的不良欲望。

富贵家不肯从宽，必遭横祸[1]；聪明人不肯学厚，必夭天年[2]。

【注释】

①横祸：意外的灾祸。②夭天年：减损寿命。夭，人未成年而死。天年，自然寿命。

【译文】

富贵人家如果不肯对人宽容，一定会遭受意外的灾祸；聪明人如果不宽厚待人，必然会减少寿命。

倚势欺人，势尽而为人欺；恃财侮人，财散而受人侮。

【译文】

倚仗权势而欺凌别人，最终失去权势后必会被人欺负；倚仗钱财而侮辱别人，最后家财散尽则必被人侮辱。

暗里算人者，算的是自家儿孙；空中造谤者，造的是本身罪孽。

【译文】

阴险恶毒，暗地里算计别人的人，殊不知最后算计的会是自家的儿孙后代；造谣生事，凭空诽谤别人的人，其实最终是给自身添加罪孽祸殃。

饱肥甘[1]，衣轻暖[2]，不知节者损福；广积聚，骄富贵，不知止者杀身。

【注释】

①肥甘：肥美甘甜的食物。②轻暖：轻软暖和的衣服。

【译文】

人如果饱食肥美甘甜的食物，穿着轻软暖和的衣服，却不懂得节制奢欲，必定会损伤自己的福气；人如果大量积聚财富产业，因而富贵骄横，却不懂得收敛，最终会遭受杀身之祸。

文艺自多①，浮薄之心也；富贵自雄②，卑陋之见也。

【注释】

①文艺自多：夸耀自己的文才。文艺，文学创作，此处指文章写作才能，即文才。自多，自满，自夸。②富贵自雄：因为富贵而自以为了不起。自雄，自豪，自以为了不起。

【译文】

夸耀自己的文才，这是心中轻浮浅薄的思想在作祟；因为富贵而自以为了不起，这是见识卑劣与浅陋的体现。

位尊身危，财多命殆①。

【注释】

①殆：危险，凶险。

【译文】

地位尊显的人，经常身处危难的境地；拥有大量财富的人，常常面临生命危险。

机[①]者祸福所由伏，人生于机，即死于机也；巧者鬼神所最忌，人有大巧，必有大拙也。

【注释】

①机：常和“巧“连用，机巧常用来指诡诈。

【译文】

所谓“机”，是灾祸和福禄都潜伏其中的东西，人如果因“机”而生存，也必将为“机”而败亡；所谓“巧”，是魔鬼和神明最为忌讳的，人若拥有大的“巧”，就一定有与之相反的大“拙”。

出薄言，做薄事，存薄心，种种皆薄，未免灾及其身；设阴谋，积阴私[①]，伤阴骘，事事皆阴，自然殃[②]流后代。

【注释】

①积阴私：做不可告人的坏事。阴私，指隐秘的不可告人的事。

②殃：祸害。

【译文】

说刻薄话，做刻薄事，存刻薄心，凡此种种刻薄的行为，很难使自身免遭灾祸；搞阴谋，做不可告人的坏事，损害阴德胡作非为，所做的任何事都不可告人，自然会使子孙后代遭殃。

积德于人所不知，是谓阴德，阴德之报，较阳德倍多；造恶于人所不知，是谓阴恶，阴恶之报，较阳恶加惨。

【译文】

在无人知晓的时候做善事，这就叫作阴德，积阴德得到的回报和阳德的回报相比，要成倍增加；在无人知晓的时候做坏事，这就叫作阴恶，阴恶的报应和阳恶的报应相比，更为惨重。

家运有盛衰，久暂虽殊[①]，消长循环[②]如昼夜；人谋分巧拙，智愚各别，鬼神彰瘅[③]最严明。

【注释】

①久暂虽殊：虽然有长短的区别。久暂，即长短。殊，不同，区别。②消长循环：增减循环。消长，增减，盛衰。③彰瘅（dàn）：即彰善瘅恶，表彰善行，惩罚邪恶。彰，表彰，显扬。瘅，憎恨，惩罚。

【译文】

家族的命运有盛有衰，长短虽不一样，但是增减循环如日同夜轮流替换一般；人的智谋有巧妙有笨拙，虽然有聪明和愚笨的不同，但鬼神表彰善行、惩罚邪恶却最为严厉分明。

天堂无路，则已有君子登；地狱无门，则已有小人入。

【译文】

尽管天堂没有路，但已经有君子登上；虽然地狱没有门，但已经有小人堕入。

为恶畏人知，恶中冀[①]有转念；为善欲人知，善处即是恶根。

【注释】

①冀：希望。

【译文】

做坏事怕人知道，虽坏却有转好的希望；做善事希望他人知道，虽好却潜伏着恶的根源。

谓鬼神之无知，不应祈福；谓鬼神之有知，不当为非。

【译文】

如果认为鬼神不知人间善恶，就不应祈求赐福；若认为鬼神能知道人间善恶，就不应当做坏事。

势可为恶而不为，即是善；力可行善而不行，即是恶。

【译文】

有权势做坏事而不做，就是善；有能力做善事而不做，就是恶。

于福作罪，其罪非轻；于苦作福，其福最大。

【译文】

身处幸福之中反而为非作歹，那他的罪恶是非常深重的；身处贫苦之中仍尽力行善，那他所获的福祉是最大的。

行善如春园之草，不见其长，日有所增；行恶

如磨刀之石，不见其消，日有所损。

【译文】

做好事就好像春天花园中的小草，看不出它的成长，其实它每天都在长高；做坏事则像磨刀石般，看不出它的磨损，其实它每天都有损耗。

使为善而父母怒之，兄弟怨之，子孙羞之，宗族乡党贱恶之，如此而不为善，可也。为善则父母爱之，兄弟悦之，子孙荣之，宗族乡党敬信之，何苦而不为善！使为恶而父母爱之，兄弟悦之，子孙荣之，宗族乡党敬信之，如此而为恶，可也。为恶则父母怒之，兄弟怨之，子孙羞之，宗族乡党贱恶之，何苦而必为恶！

传统文化小知识

名讳

名讳，即对姓名的避讳，古时人们为了表示尊重而不直接提到对方的名字，主要有两种情况：一是为尊者讳，最鲜明的体现是要避讳皇帝的名字，还有避圣人讳，主要指避讳孔子的名字“丘”字；一是为亲者讳，就是避讳自己父亲和先祖的名字。名讳在古代体现最突出的是避帝王讳，不仅要避全名，而且名字中的每一个字也都要避开，甚至连同音的字也不能够使用。

【译文】

如果做善事会使得父母发怒，兄弟埋怨，子孙感到羞耻，族人和乡亲们鄙视厌恶，那么是可以不去做善事的。但实际上，做好事能使得父母关爱，兄弟高兴，子孙感到荣耀，族人和乡亲们敬重信任，如此，怎能不去做善事呢？假使做坏事能使得父母关爱，兄弟高兴，子孙感到荣耀，族人和乡亲们敬重信任，那么是可以去做坏事的。但实际上，做坏事会使得父母发怒，兄弟埋怨，子孙感到羞耻，族人和乡亲们鄙视厌恶，那么又何必去做坏事呢？

为善之人，非独其宗族亲戚爱之，朋友乡党敬之，虽鬼神亦阴相①之；为恶之人，非独其宗族亲戚叛之，朋友乡党怨之，虽鬼神亦阴殛②之。

【注释】

①阴相：暗中帮助。相，辅助，帮助。②阴殛（jí）：暗中惩罚。殛，本意是杀死，此处指惩罚。

【译文】

做好事的人，不仅会得到族人和亲戚的爱戴，也会得到朋友和乡亲们的敬重，就连鬼神都会在暗中帮助他；做坏事的人，不仅会遭到族人和亲戚的抛弃，还会受到朋友和乡亲们的埋怨，即使鬼神也会在暗中对他施以惩罚。

为一善而此心快惬，不必自言，而乡党称誉之，君子敬礼之，鬼神福祚之，身后传诵之；为一恶而此心愧怍，虽欲掩护，而乡党传笑之，王法刑辱之，鬼神灾祸之，身后指说之。

【译文】

做了一件好事就会心中愉悦，不用自己去说，自然会得到乡亲们的赞誉、君子们的尊敬和礼遇，鬼神也会赐福给他，就连死后人们都会传诵他留下的好声名。做了一件坏事就会心中惭愧，虽然想要隐藏，但终究会被乡亲们传为笑谈，不仅要受国家法律的惩罚和侮辱，鬼神也会降下灾祸给他，就连死后也会被人指责。

一命之士[①]，苟存心于爱物，于人必有所济；无用之人，苟存心于利己，于人必有所害。

【注释】

①一命之士：指做官的人。一命，周代最低一级的官阶。

【译文】

做官的人，如果存有关爱万物之心，那么他对百姓一定会有所救助；没什么才干的普通人，如果只存利己之心，那么他对他人一定会造成伤害。

膏粱积于家，而剥削人之糠覈[①]，终必自亡其膏粱；文绣充于室，而攘[②]以人之敝裘[③]，终必自丧其文绣。

【注释】

①糠覈（hé）：指粗劣的食物。糠，是稻、麦、谷子等农作物的籽实加工时脱去的外壳，主要用来喂养家畜，粗糙难以下咽，在古代困难时期

穷人也会吃。麬，米、麦加工后所剩的外皮碎屑。②攘（rǎng）：抢夺。③敝裘：破旧的皮衣。

【译文】

将肥肉细粮这些美味佳肴囤积在家中，却还要搜刮占有别人的粗劣饭食，这样做最终必然会丧失自己原有的美味佳肴；将刺绣华美的衣服挂满室内，却还要抢夺占有别人的破衣烂衫，这样做最后必定会丧失自己原有的锦绣美服。

天下无穷大好事，皆由于轻利之一念，利一轻，则事事悉属天理，为圣为贤，从此进基；天下无穷不肖事，皆由于重利之一念，利一重，则念念皆违人心，为盗为跖，从此直入。

【译文】

天下无数令人景仰赞叹的好事，都是由于轻视自身利益的念头所做成的，如果对个人私利看得很轻，在处理各种事务时，都会与天道公理相吻合，培养成为圣贤君子，就要从这样的小事做起；天下无数令人憎恶切齿的坏事，都是由于看重自身利益的念头所导致的，如果把个人私利看得过重，在考虑各种问题时，都会与众人的心愿相违背，堕落成强盗恶棍便是从这类小事开始的。

清欲人知，人情之常，今吾见有贪欲人知者矣，朵其颐①，垂其涎②，惟恐人误视为灵龟而不饱其欲也；其不善自伐，盛德之事，今吾见有自伐其恶者矣，张其牙，露其爪，惟恐人不识为猛虎而不畏其威也。

【注释】

①朵其颐：本指鼓动两腮吃东西。此处引申为不掩饰自己贪婪的一种举动。朵，鼓动。颐，两腮，面颊。②垂其涎：因想吃到而流下口水，比喻贪婪或十分羡慕，极想得到。

【译文】

清廉公正的品行想要人们知道，这是人的常情常理，现在我看到有一种人，自己贪婪无忌，却也想让人们知道，鼓动着两腮，流着口水，唯恐别人误认为他是灵龟神物，而不满足他的贪欲；善良纯正却不张扬夸耀，这是盛德高品的表现，现在我看到有一种人，自己凶恶奸邪，却竭力自吹自擂，露出爪牙，面目狰狞，唯恐别人不知道他像猛虎一样凶恶，而不畏惧他的威势。

以奢为有福，以杀为有禄①，以淫为有缘，以诈为有谋，以贪为有为，以吝为有守，以争为有气，以嗔为有威，以赌为有技，以讼为有才。

【注释】

①禄：俸禄，此处代指权力。

【译文】

把奢侈豪华看成是洪福齐天，把杀戮看成是掌握权力，把淫乱秽行看成是艳福缘分，把欺诈伪骗看成是足智多谋，把贪婪攫取看成是大有作为，把吝啬成性看成是守财有方，把争夺财利看成是气势如虹，把狂暴嗔怒看成是威风凛凛，把赌博恶习看成是技艺卓越，把诉讼辩争看成是才能出众。

谋馆[1]如鼠，得馆如虎，鄙主人而薄弟子者，塾师之无耻也。卖药如仙，用药[2]如颠[3]，贼人命[4]而诿[5]天数者，医师之无耻也。觅地如瞽[6]，谈地如舞，矜异传而谤同道者，地师之无耻也。

【注释】

①谋馆：谋求教职。馆，旧时教书先生执教的地方。②用药：使用药物。此处指治病救人。③颠：指疯癫，精神错乱。④贼人命：伤害人的性命。贼，伤害。⑤诿：推诿，推脱。⑥觅地如瞽（gǔ）：寻找墓地时就像瞎了眼。瞽，眼睛失明。

【译文】

谋求教职时，像老鼠那样狡诈窥探，获得教职后，像老虎一般猖狂骄横，鄙夷傲视主人，又敷衍糊弄学生，这是设馆授徒的塾师的无耻行径。卖药时吹嘘得像神仙，包治百病，下剂用药时如同疯子，伤害了病人性命，又推诿成天命使然，这是医师的无耻行径。寻找风水好的墓地时像瞎了眼一样，胡指滥点，谈论起墓地的风水时，却冒充内行，手舞足蹈，夸耀自己的神异真传，又诽谤贬损同行，这是察看风水的地师的无耻行径。

不可信之师，勿以私情荐之，使人托以子弟。不可信之医，勿以私情荐之，使人托以生命。不可信之堪舆[1]，勿以私情荐之，使人托以先骸。不可信之女，勿以私情媒[2]之，使人托以宗嗣[3]。

【注释】

①堪舆：即风水，此处代指风水先生。②媒：即保媒牵线，撮合两家的男女婚事。③宗嗣：宗族继承人，子孙后代。

【译文】

对不可信任的教书先生，不要凭着个人情感去向别人推荐，让别人把子弟托付给他。对不可信任的医师，不要凭着个人情感去向别人推荐，让别人把性命托付给他。对不可信任的风水先生，不要凭着个人情感去向别人推荐，让别人把先辈的遗骸托付给他。对不可信任的女子，不要凭着个人情感去向别人说媒，让别人把传宗接代的大事托付给她。

肆傲者纳侮，讳过[1]者长恶。贪利者害己，纵欲者戕生。

【注释】

①讳过：隐瞒过错或失误。讳，忌讳，回避，有顾忌不敢说或不愿说。

【译文】

任性傲慢的人会招致侮辱，隐瞒过错的人会助长罪恶。贪图私利的人会危害自己，放纵欲望的人会伤害自己的生命。

鱼吞饵，蛾扑火，未得而先丧其身。猩醉醴[1]，蚊饱血，已得而随亡其身。鹚食鱼，蜂酿蜜，虽得而不享其利。欲不除，似蛾扑灯，焚身乃止。贪不了，如猩嗜酒，鞭血方休。

【注释】

①醴（lǐ）：甜酒。

【译文】

游鱼吃饵，飞蛾扑火，还没有得到利益却先送了性命。猩猩喝醉酒，蚊子吸饱血，虽然得到利益但却随即丧生。鸬鹚吃鱼，蜜蜂酿蜜，虽然得到一点儿好处但却不能大量享受利益。不消除欲望，就如同飞蛾扑火，直到烧毁自己才会罢休。贪心不除，就如同猩猩贪酒一样，直到被鞭打流血才肯罢休。

明星朗月，何处不可翱翔？而飞蛾独趋灯焰；嘉卉清泉，何物不可饮啄？而蝇蚊争嗜腥膻。

【译文】

星光闪烁、明月当空的夜晚，什么地方不可以自由飞翔？可飞蛾偏偏要扑向灯火；美好的花草树木、清澈的山间泉水，什么东西不可以吃喝？可苍蝇、蚊子却偏偏要争着吃腥臭的东西。

飞蛾死于明火，故有奇智者，必有奇殃；游鱼死于芳纶①，故有善嗜者，必有美毒。

【注释】

①纶：钓鱼用的丝线。

【译文】

飞蛾死在明亮的火光里，所以特别聪明的人必然会遭受特别的灾祸；水中的游鱼死于芳香的钓线上，所以偏好美味的人必然会遭遇美味的毒害。

慨夏畦之劳劳①，秋毫无补②；笑冬烘之贸贸③，春梦方回④。

【注释】

①夏畦之劳劳：夏天在田地里辛苦地劳作，泛指生活奔波劳苦。畦，周围筑埂便于灌溉的田地。②秋毫无补：没有丝毫的帮助。秋毫，秋天鸟兽身上新长的细毛，比喻最细微的事物。无补，没有帮助。补，帮助。③冬烘之贸贸：指迂腐浅陋，昏庸糊涂。冬烘，糊涂懵懂，迂腐浅陋，含讽刺之意。贸贸，昏庸糊涂。④春梦方回：大梦初醒，回到现实。

【译文】

感慨那些为生活而劳苦奔波的人，结果却对自己没有丝毫的帮助；可笑那些迂腐浅陋、昏庸糊涂的人眼光短浅，只有大梦初醒后才能回到现实。

吉人无论处世平和，即梦寐神魂，无非生意；凶人不但作事乖戾，即声音笑貌，浑是杀机。

【译文】

善良的人无论何时与人相处都保持心态平和，即使在睡梦中，心神也无不充满着生机；凶恶的人不仅做事暴戾狠毒，就算在说话、笑容和神态上，也充满了杀戮之意。

仁人心地宽舒，事事有宽舒气象，故福集而庆长；鄙夫胸怀苛刻，事事以苛刻为能，故禄薄而泽短。

【译文】

有仁爱之心的人心胸宽广，做任何事都有宽舒平和的气象，所以福气聚集而吉庆绵长；鄙俗的人心胸狭窄刻薄，做什么事都以刻薄为能，所以福气微薄而恩泽短暂。

充一个公己公人心，便是吴越一家；任一个自私自利心，便是父子仇雠。

【译文】

有一颗对人对自己都公正的心，即使像吴国和越国一样的仇敌也会亲如一家；有一颗自私自利的心，即便是亲如父子也会成为仇敌。

理以心为用，心死于欲则理灭，如根株斩而本亦坏也；心以理为本，理被欲害则心亡，如水泉竭而河亦干也。

【译文】

天理以人心为基础，人心一旦死于欲望，那么天理就会灭绝，像植物的根被斩断而枝干就会枯亡一样。人心以天理为根本，天理一旦被欲念侵害，那么人心就会死亡，像泉水枯竭而河流便会干涸一样。

鱼与水相合，不可离也，离水则鱼槁矣；形与气相合，不可离也，离气则形坏矣；心与理相合，不可离也，离理则心死矣。

【译文】

鱼和水是融合在一起的，不可以分离，离开水鱼就会因干枯缺水而死。身体与元气是融合在一起的，不可以分离，离开了元气身体就会败坏死亡。人心和天理也是相符合的，不可以分离，离开了天理人心就会死去。

天理是清虚之物，清虚则灵，灵则活；人欲是渣滓之物，渣滓则蠢，蠢则死。

【译文】

天理是清净虚无的事物，事物一旦清静虚无就会拥有灵性，有了灵性也就有了生命；而人的欲望是肮脏污秽的渣滓之物，因为有了污秽渣滓所以变得愚蠢粗俗，人一旦愚蠢了就会死亡。

毋以嗜欲杀身，毋以货财杀子孙，毋以政事杀百姓，毋以学术杀天下后世。

【译文】

不要因为不良的欲望和嗜好而伤害了自己的身体，不要因为货物钱财而伤害了子孙，不要用国家大事的名义伤害百姓，不要凭借学术的名义而遗祸后世。

毋执去来之势而为权，毋固得丧之位而为宠，毋恃聚散之财而为利，毋认离合之形而为我。

【译文】

不要执迷于来去不定的势力而追逐权力，不要为了稳固得失不定的官位而求取恩宠，不可倚仗聚散不定的财货而谋取利益，不要认为存灭不定的肉体是真正的自我。

贪了世味的滋益，必招性分的损；讨了人事的便宜，必吃天道的亏。

【译文】

贪图世俗物质的享受，必然招致本性的损伤；占了人情事理上的便宜，必然会遭到天理的惩罚。

精工言语，于行事毫不相干；照管皮毛，与性灵有何关涉！

【译文】

精妙工整的话语，和做好事情以成就大业没有任何关系；照料管理皮毛一样的生活琐事，和修养身心、陶冶性情有什么关系！

荆棘满野，而望收嘉禾者愚；私念满胸，而欲求福应者悖①。

【注释】

①悖：和事实相冲突，违背常理，错误的。

【译文】

田野里长满了荆棘杂草，却盼望着收获丰厚的人愚不可及；胸中充满卑劣的私欲，却祈求吉福降临的人违背常理。

庄敬非但日强也，凝心静气，觉分阴寸晷①，倍自舒长；安肆②非但日偷③也，意纵神驰，虽累月经年，亦形迅驶。自家过恶自家省，待祸败时，省已迟矣；自家病痛自家医，待死亡时，医已晚矣。

【注释】

①分阴寸晷：形容时间极短。分阴，极短的时间。阴，日影。寸晷，日影移动一寸的时间，形容短暂的时光。晷，日影。②安肆：安乐放纵。③日偷：日渐衰落。

【译文】

端庄恭敬地面对人生，不仅每天都精神壮健，充满朝气，还可以心平气和地思考问题，即使是片刻光阴，也觉得倍加绵长；安逸放纵不仅会使人日渐衰落，心浮气躁而思想混乱，即便是累月经年，仍会感到时光飞驰

传统文化小知识

抓周

抓周，也叫试儿、试周、揸生日，是周岁礼中一项很重要的仪式，最早见于南北朝时期，在民间流传至今。新生儿周岁时，将各种物品摆放于小孩面前，任其抓取，传统的常用物品有笔、墨、纸、砚、算盘、钱币、书籍等。抓周与产儿报喜、三朝洗儿、满月礼、百日礼等，同属于传统的诞生礼仪。

而过。对自己的过失错误，要及时反省检查，等到酿成大祸时，再省察已经太迟了；对自身的疾病伤痛，自己要抓紧医治疗养，等到病入膏肓时，再医治已经来不及了。

多事为读书第一病，多欲为养生第一病，多言为涉世第一病，多智为立心①第一病，多费为持家第一病。

【注释】

①立心：树立准则。

【译文】

闲事太多是读书求学最大的毛病，欲望过多是保养身体最大的毛病，说话太多是社会交往中最大的毛病，心智太多是树立准则最大的毛病，浪费太多是理财管家最大的毛病。

今之用人，只怕无去处，不知其病根在来处；今之理财，只怕无来处，不知其病根在去处。

【译文】

现在使用人才，只怕无法安排合适的位置，却不知道问题的根源在于当初选拔人才时是否合宜；现在管理财务，唯恐没有钱财的来源，却不知道问题的关键在于钱财耗费得是否合理。

贫不足羞，可羞是贫而无志。贱不足恶，可恶是贱而无能。老不足叹，可叹是老而无成。死不足悲，可悲是死而无补。

【译文】

贫穷并不值得羞愧，值得羞愧的是贫穷却没有志向。卑贱并不值得憎恶，可憎的是卑贱却缺乏才干。年老并不值得嗟叹，可叹的是年老却一事无成。死亡并不值得悲伤，可悲的是死得毫无价值。

事到全美处，怨我者难开指摘之端；行到至污处，爱我者莫施掩护之法。

【译文】

事情做到完美的境界，即便对我有所怨恨的人也难以抓住指责我的把柄；行为到了污秽不堪的地步，即便是爱护我的人也无法施展掩护我的办法。

衣垢不湔①，器缺不补，对人犹有惭色；行垢不湔，德缺不补，对天岂无愧心。

【注释】

①湔（jiān）：洗。

【译文】

衣服脏了却不洗，器具有缺损而不去修补，面对别人尚有羞愧的神色；行为污秽不去洗刷，道德败坏而不思补过，面对上天难道就不惭愧吗？

供人欣赏，侪①风月于烟花，是曰亵天②；逞人机锋③，借诗书以戏谑，是名侮圣。

【注释】

①侪（chái）：一起。②亵（xiè）天：亵渎上天，即对上天的冒犯。亵，轻慢，冒犯。③机锋：指机智深刻的话语。

【译文】

为了向人展示风流才情，就和花街柳巷中的风尘女子交往，这叫亵渎上天；为了向人显示话语的机智深刻，就凭借诗书经典中的话来开玩笑，这叫侮辱圣贤。

罪莫大于亵天，恶莫大于无耻，过莫大于多言。

【译文】

最大的罪过就是亵渎上天，最大的恶行就是没有廉耻，最大的过错就是多嘴多舌。

言语之恶，莫大于造诬。行事之恶，莫大于苛刻。心术之恶，莫大于深险。

【译文】

恶毒的语言，没有比造谣诬陷更厉害的了。恶劣的待人处事的方法，没有比苛求刻薄他人更严重的了。险恶的心思，没有比深沉阴险更可怕的了。

谈人之善，泽①于膏沐②；暴人之恶，痛于戈矛。

【注释】

①泽：恩惠。②膏沐：代指沐浴。

【译文】

称赞别人的善行，对方所受的恩泽有如沐浴般舒适；暴露他人的过错，对方所受的痛苦甚于刀枪刺伤。

当厄之施，甘为时雨；伤心之语，毒于阴冰。

【译文】

当他人陷入危难的境地时给予帮助，有如及时雨一般甘润；伤害人心的话语，比寒冰还要阴毒。

阴岩积雨之险奇，可以想为文境，不可设为心境；华林映日之绮丽，可以假为文情，不可依为世情。

传统文化小知识

秋决制度

古人执行死刑一般放在秋冬季节，称为秋决。所谓秋决，理论上并非一定要在秋天，而是在秋冬两季均可。秋决的做法最早形成于西周时期，汉朝时形成定制，以后历代都遵守。秋决制度与古人的天人合一观念有关。古人认为秋冬季节是万物萧条、生命凋谢的季节，此时执行死刑才是顺应自然的。因此，除犯了谋反等大罪的人要立即处决之外，一般的死刑都要留待秋冬季节执行。

【译文】

山中背阳的山岩、积云兴雨的风景险要之处，可以设想为文章的意境，但不可以设想为人的心境；茂美的山林映照着阳光的美丽景致，可以假设为文章的情感，但不可用这种情感来处理人情世故。

巢父洗耳①以鸣高，予②以为耳其窦③也，其言已入于心矣，当剖心而浣之；陈仲出哇④以示洁，予以为哇其滓也，其味已入于肠矣，当刲⑤肠而涤之。

【注释】

①巢父洗耳：当为“许由洗耳”，许由、巢父都是上古隐士，帝尧想把帝位禅让给许由，许由认为这话玷污了他，便跑去河边洗耳朵。而巢父认为许由洗过耳朵的河水都被污染了，甚至不让他的小牛犊喝这河里的水。指为人清高，反感世间的功名利禄。②予：我。③窦：孔，洞。④陈仲出哇：陈仲，战国时期齐国的贤士，以纯洁自律闻名，误食别人送给他兄长的鹅，因而出门将鹅肉吐出来。哇，吐。⑤刲（kuī）：割取。

【译文】

巢父用洗耳朵来表示自己的清高，但我认为耳朵只是一个洞，请他做帝王的话已进入他的心中，应当把心剖开好好洗洗；陈仲用出门吐出鹅肉来表示他的纯洁，但我认为他吐出来的不过是残渣而已，那鹅肉的味道已进入他的肠胃，应该割下肠子好好洗洗。

诋①缁黄②之背本宗，或衿带③坏圣贤名教；詈④青紫⑤之忘故友，乃衡茅⑥伤骨肉天伦。

【注释】

①诋：诋毁，毁谤。②缁（zī）黄：指僧人和道士，僧人穿缁衣，道士戴黄冠。缁，黑色。③衿带：险要之地，此处引申为德高望重的位置。④詈（lì）：骂。⑤青紫：本为古时公卿绶带之色，因借指高官显爵。⑥衡茅：衡门茅屋，即茅草屋，指简陋的居室。

【译文】

诋毁僧人和道士背弃宗族的人，或许正在德高望重的位置上做着败坏圣贤名声和教诲的事情；辱骂高官忘记故交老友的人，也许正在简陋的茅草屋里干着伤害手足之情、有损天理的勾当。

炎凉之态，富贵甚于贫贱；嫉妒之心，骨肉甚于外人。

【译文】

世间人情的冷暖之态，富贵人比贫穷人体会深刻；感受嫉妒的心，手足骨肉比外人还严重。

兄弟争财，父遗不尽不止；妻妾争宠，夫命不死不休。受连城①而代死，贪者不为，然死于利者何须连城？携倾国②以待殂③，淫者不敢，然死于色者何须倾国？

【注释】

①连城：连在一起的许多城池。也指价值连城，形容物品十分贵重。②倾国：即倾城倾国，形容女子容貌极美。③待殂：等死。殂，死。

【译文】

兄弟之间争夺财产，父亲的遗产不分干净就不会停止；妻妾相互争夺恩宠，不到丈夫死亡就不会罢休。接受价值连城的宝物而代替别人受死，即使贪婪的人也不会做这种事，但为了利益而死的人，又哪里需要价值连城的利益呢？携带倾国倾城的美人一同等死，就连好色的人都不敢，但死于美色的人，又哪里需要倾国倾城的美色呢？

病危乌获[①]，虽童子制梃[②]可挞[③]；臭腐王嫱[④]，惟狐狸钻穴相窥[⑤]。

【注释】

①乌获：战国时秦国的大力士。②梃（tǐng）：棍棒。③挞（tà）：用鞭、棍等打人。④王嫱：即汉代的王昭君，中国古代四大美女之一。⑤窥：从小孔、缝隙或隐蔽处偷看。

【译文】

病危中的大力士乌获，就算小孩子都能拿棍子打他；死后身体腐臭的美人王昭君，也只有狐狸才会钻到墓中去偷看她。

圣人悲时悯俗，贤人痛世疾俗，众人混世逐俗，小人败常乱俗。

【译文】

圣人悲怜世俗，贤人痛伐世俗，一般人追逐世俗，小人则扰乱世俗。

读书为身上之用，而人以为纸上之用；做官乃造福之地，而人以为享福之地。壮年正勤学之

日，而人以为养安之日；科第本消退之根[1]，而人以为长进之根。

【注释】

①根：依据，此处引申为契机、时机。

【译文】

读书的目的是修身养性，做一个好人，而人们却以为只是为了舞文弄墨写写文章；做官的宗旨是造福百姓，做一个清官，而人们却误以为是为了自己享福。壮盛之年正应是勤奋苦读、增长才干的好岁月，可是人们却认为是安逸保养的时候；科举中第正应是谨慎退让、急流勇退的好时机，可是人们却认为是进取腾达的契机。

盛者衰之始，福者祸之基。福莫大于无祸，祸莫大于邀福。

【译文】

兴盛往往是衰退的开端，吉福常常是祸殃的根源。最大的幸福就是终生没有灾祸，最大的灾祸就是刻意求福。

名句集锦

近水知鱼性，近山识鸟音。

——《增广贤文》

有意栽花花不发，无心插柳柳成荫。

——《增广贤文》

画虎画皮难画骨，知人知面不知心。

——《增广贤文》

钱财如粪土，仁义值千金。

——《增广贤文》

美不美，家乡水；亲不亲，故乡人。

——《增广贤文》

贫居闹市无人问，富在深山有远亲。

——《增广贤文》

长江后浪推前浪，世上新人赶旧人。

——《增广贤文》

近水楼台先得月，向阳花木早逢春。

——《增广贤文》

远水难救近火，远亲不如近邻。

——《增广贤文》

同君一席话，胜读十年书。

——《增广贤文》

水至清则无鱼，人至察则无徒。

——《增广贤文》

宁可正而不足，不可邪而有余。

——《增广贤文》

知足常足，终身不辱。知止常止，终身不耻。

——《增广贤文》

龙游浅水遭虾戏，虎落平阳被犬欺。

——《增广贤文》

羊有跪乳之恩，鸦有反哺之义。

——《增广贤文》

从俭入奢易，从奢入俭难。

——《增广贤文》

忠言逆耳利于行，良药苦口利于病。

——《增广贤文》

凡人不可貌相，海水不可斗量。

——《增广贤文》

静坐常思己过，闲谈莫论人非。

——《增广贤文》

爽口食多偏作病，快心事过恐生殃。

——《增广贤文》

志之所趋，无远勿届，穷山距海不能限也；志之所向，无坚不入，锐兵精甲不能御也。

——《格言联璧·学问类》

涵养冲虚，便是身世学问；省除烦恼，何等心性安和！

——《格言联璧·存养类》

欲做精金美玉的人品，定从烈火中锻来；思立揭地掀天的事功，须向薄冰上履过。

——《格言联璧·敦品类》

刑罚当宽处即宽，草木亦上天生命；财用可省时便省，丝毫皆下民脂膏。

——《格言联璧·从政类》

读书即未成名，究竟人高品雅；修德不期获报，自然梦稳心安。

——《格言联璧·学问类》

非读书，不能入圣贤之域；非积德，不能生聪慧之儿。

——《格言联璧·惠言类》

读书贵能疑，疑乃可以启信；读书在有渐，渐乃克底有成。

——《格言联璧·学问类》

不让古人，是谓有志；不让今人，是谓无量。

——《格言联璧·持躬类》

天下无不可化之人，但恐诚心未至；天下无不可为之事，只怕立志不坚。

——《格言联璧·处事类》

读经传则根底厚，看史鉴则议论伟，观云物则眼界宽，去嗜欲则胸怀净。

——《格言联璧·学问类》

勤俭，治家之本。和顺，齐家之本。谨慎，保家之本。诗书，起家之本。忠孝，传家之本。

——《格言联璧·齐家类》

饱肥甘，衣轻暖，不知节者损福；广积聚，骄富贵，不知止者杀身。

——《格言联璧·悖凶类》

陷一无辜，与操刀杀人者何别；释一大憝，与纵虎伤人者无殊。

——《格言联璧·从政类》

为恶畏人知，恶中冀有转念；为善欲人知，善处即是恶根。

——《格言联璧·悖凶类》

以虚养心，以德养身；以仁养天下万物，以道养天下万世。

——《格言联璧·存养类》

律身惟廉为宜，处事以退为尚。

——《格言联璧·接物类》

律己宜带秋风，处世须带春风。

——《格言联璧·接物类》

闹时炼心，静时养心，坐时守心，行时验心，言时省心，动时制心。

——《格言联璧·养生类》

读者反馈卡

感谢您购买《增广贤文　格言联璧》，祝贺您正式成为了我们的"热心读者"，请您认真填写下列信息，以便我们和您联系。您如有作品和此表一同寄来，我们将优先采用您的作品。

读 者 档 案

姓名______________　年级______________

电话______________　QQ号码______________

学校名称__________________________________

班级______________　邮编_________________

通讯地址__________省__________市（县）__________区（乡/镇）________________街道（村）

任课老师及联系电话________________　课本版本__________

您认为本书的优点____________________________________

您认为本书的缺点______________________________________

您对本书的建议____

____

您在使用过程中发现的错误，可另附页。

联系我们：北教小雨文化传媒（北京）有限公司

地址：北京市北三环中路6号北京教育出版社

邮编：100120

联系人：北教小雨编辑部

联系电话：13911108612

邮箱：beijiaoxiaoyu@163.com

请沿此虚线剪下